ÉDITÉ PAR : Éditions COBRA

18-22, RUE DES POISSONNIERS

92200 – NEUILLY-SUR-SEINE

© COBRA – 2008

En vacances

Textes de Richard Robert

Sommaire

Introduction

L E TOURISME de masse est un phénomène récent, qui ne commence véritablement que dans les années 1950. Au début du XXe siècle, seule une petite minorité part en vacances, pour prendre les eaux ou découvrir les villes d'Europe. Il ne s'agit pas vraiment de se reposer, mais plutôt de changer d'air, de se cultiver, de prendre soin de soi, selon un idéal aristocratique et bourgeois associé au luxe, bien plus qu'à l'aventure.

Cette vision confortable des vacances n'a pas disparu. Mais elle a été bousculée au fil du XXe siècle par d'autres pratiques et d'autres idéaux : l'aventure, la vie au grand air, mais aussi tout simplement le repos du douzième mois, après onze autres passés à travailler.

L'invention des congés

Le temps libre est un pan négligé de notre histoire, passant quelque peu inaperçu derrière les guerres et les catastrophes diverses qui ont marqué le siècle passé. L'avènement des vacances pour tous, ou comme on le dit dans les années 1950 les débuts de la « civilisation des loisirs », est pourtant un moment historique essentiel.

Le monde du travail qui, pendant des siècles était resté enchaîné à la ferme, à l'établi, au magasin puis à l'usine, six jours sur sept et toute l'année, accède peu à peu à un nouvel usage du temps. L'apparition du temps libre, l'invention des mille et une façons de l'utiliser et sa diffusion à l'ensemble de la société sont une évolution marquante dans l'histoire de l'humanité. Nous ne nous en rendons peut-être pas suffisamment compte, à la fois parce que partir en vacances est

devenu pour la plupart d'entre nous une évidence, et peut-être aussi parce que cette histoire appartient encore au monde de la mémoire : les premières vacances, ce n'est pas pour nous un événement historique comme on en voit dans les livres d'histoire, mais une aventure familiale, privée.

Il existe pourtant un moment symbolique, qui semble résumer cette rupture : l'arrivée au pouvoir du Front populaire en 1936 et les premiers « congés payés ».

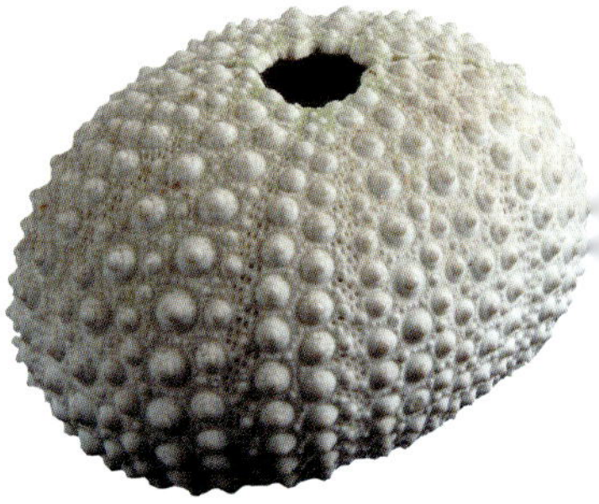

Une avancée sociale

L'arrivée de la gauche au pouvoir et les grèves massives du printemps 1936 ne sont pas la révolution politique qu'avaient pu rêver certains, mais une révolution sociale et culturelle aux effets durables. Le Parlement vote notamment deux lois qui ne figuraient pas au programme du Front populaire mais apparaissent directement comme le résultat du rapport de force créé par le mouvement ouvrier : deux semaines de congés payés sont instaurées, et la durée légale du travail hebdomadaire passe de 48 à 40 heures ; en d'autres termes, l'ensemble du salariat passe à la semaine de cinq jours.

À vrai dire, une partie des employés et des fonctionnaires bénéficiaient déjà de ce régime. Mais cette fois-ci c'est pour tous !

Avant même les premiers départs, en août 1936, le mouvement social du printemps a déjà été vécu par les deux millions de grévistes comme une longue fête. Pour de nombreux

ouvriers, ce débrayage a été le premier, et de toute leur vie d'adulte c'est la première fois qu'ils « chôment » plus de quelques jours. On chante *Le Temps des cerises* et d'autres chansons de la Commune, des bals sont improvisés ; la philosophe Simone Weil parle même de « grèves de la joie ». Ceux qui l'ont vécu s'en souviennent comme d'un moment exceptionnel.

Une autre vie

Certains partent en vélo, d'autres en moto. Tous ne se rendent pas sur le littoral, loin s'en faut. Mais août 1936 reste avant tout ce moment unique où des centaines de milliers de personnes qui n'étaient jamais parties en vacances débarquent sur les plages de Normandie, de la Somme, de Bretagne et de Méditerranée, dans une atmosphère joyeuse et bon enfant. Les timidités s'effacent quand on est si nombreux : on ne sait pas exactement comment faire – manger dans le train, garder ou non ses chaussettes sur la plage, monter une tente ou se conduire dans un hôtel ? Qu'importe, on apprendra ensemble ! Ce sont surtout des jeunes qui tentent l'aventure. L'époque croit au progrès, eux se sentent portés par le vent de l'histoire.

De fait, c'est bien un moment historique que cet été 1936. L'écart démesuré qui séparait les classes sociales dans l'accès aux vacances commence à se réduire. Et ce n'est qu'un début. Car une fois qu'on a goûté aux congés payés, on s'aperçoit de la valeur de ces « vacances » qui jusqu'alors n'étaient qu'un temps vide, sans salaire.

Ce mouvement de long terme qui débute en 1936 fait entrer la France, après d'autres pays européens, dans une nouvelle époque. On pourrait évoquer les débuts de la civilisation des loisirs ou parler de démocratisation, mais l'essentiel est peut-être ailleurs : dans l'horizon nouveau soudain donné à des millions de personnes. Tous les salariés français ne sont pas partis en vacances en 1936, et en 1950 encore, à peine 15 % des Français partiront. Mais qu'ils partent ou pas, c'est une possibilité qui leur est donnée. Possibilité légale, inscrite dans le marbre de la loi ; mais surtout possibilité imaginaire, autorisation symbolique de vivre une autre vie, de s'imaginer autrement, de rejoindre les lieux qu'on a commencé à découvrir au cinéma et qui, jusqu'alors, étaient réservés aux autres.

Dans cette villa estivale à Trouville en 1910, les propriétaires logent à l'étage tandis que le personnel de maison demeure au rez-de-chaussée.

La Belle Époque

D'où vient-elle, cette idée étrange de partir en vacances ? Jusqu'au début des années 1960, ce sont l'aristocratie puis la bourgeoisie qui montrent la voie, plaçant le loisir sous le signe du luxe.

ES ÉLÉGANTS voyageurs qui séjournent à Venise, Baden-Baden ou Biarritz au début des années 1900 ne sont pas des pionniers. Ils appartiennent à une Europe du tourisme inventée quelques générations auparavant et dont la très chic géographie est déjà bien connue. Cette géographie a trouvé ses premiers itinéraires dans le « Grand Tour », d'où Stendhal a tiré le mot « touriste ». C'est un voyage de 12 à 18 mois, parfois davantage, effectué sur le continent par de jeunes Britanniques qui achèvent leur éducation en visitant la France et l'Italie, accompagnés d'un précepteur, pour découvrir les lieux où vécurent les grands hommes de l'Antiquité. Les jeunes Français de l'aristocratie leur emboîtent vite le pas et découvrent eux aussi que les voyages forment la jeunesse.

Guides et agences de voyages

Des cicerones locaux les guident parmi les ruines et se chargent de tout : leur trouver un hôtel, négocier pour eux avec le maître de poste ou le patron de la barque, leur indiquer à l'occasion les « mauvais lieux ». On

pousse parfois jusqu'en Grèce, mais l'Italie déjà est pleine de dangers : aubergistes malhonnêtes, bandits de grand chemin, gendarmes et douaniers pleins de zèle tant qu'on ne leur a pas glissé quelque pièce. Pour ces jeunes gens, il s'agit de jeter leur gourme. De retour dans les vertes campagnes galloises ou normandes, chargés d'antiquités vraies ou fausses, ce sont des hommes faits.

Au XIXe siècle, le développement des chemins de fer et la plus grande sécurité sur les routes

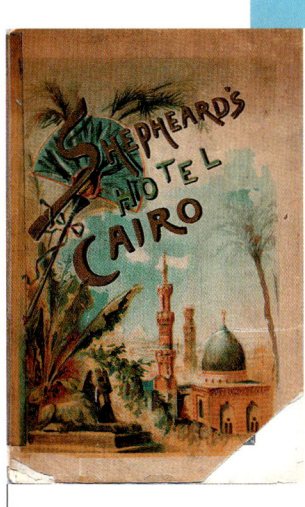

Destination lointaine, l'Égypte attire un public de voyageurs bien nantis en quête de découvertes.

Le coffre de voyage est garni de compartiments et de paniers suspendus pour ranger les affaires délicates.

Sur la Promenade des Anglais, à Nice, on ne croise pas que des Britanniques : toute l'Europe se retrouve dans cette vieille ville qui a trouvé sa vocation en devenant à la fin du XIXᵉ siècle une « station balnéaire ».

permettent à un public plus large de se lancer sur les routes d'Europe. Des guides écrits apparaissent : les premiers ceux de l'Anglais Murray, les fameux Baedeker allemands, vite traduits dans les principales langues européennes, et en France les Guides Joanne, ancêtres directs des Guides bleus d'aujourd'hui.

Il faut citer ici le nom de Thomas Cook, un homme d'affaires britannique qui invente à la fois les voyages organisés et l'agence de voyage. Se limitant d'abord aux Îles Britanniques, il lance en 1855 un circuit touristique parcourant toute l'Europe. Fort prisée, sa formule permet d'éviter les mauvaises surprises et de voyager en bonne compagnie. Bientôt, les touristes Cook touchent des destinations plus lointaines. Dès 1869, ils remontent le Nil en bateau à vapeur. Coupons d'hôtel (1868) et travelers' chèques (1874) leur permettent de voyager à moindre risque, sans s'encombrer de liquidités. Le succès est

fulgurant. Des jeunes filles, de bonnes familles, des personnes d'âge mûr rejoignent bientôt les jeunes gens aventureux du Grand Tour et transforment à leur insu les lieux qu'elles visitent : les hôtels poussent comme des champignons, une économie du tourisme apparaît, des métiers se créent. Les touristes français apparaissent dans le sillage des Britanniques, d'autant plus que la France est l'une des étapes de ce Grand Tour, avec la beauté redécouverte des châteaux de la Loire ou des cathédrales gothiques, mais aussi l'émergence de stations modernes comme Nice, avec sa fameuse promenade des Anglais, ou Biarritz, popularisée par l'impératrice Eugénie.

La vogue du thermalisme

Les touristes passent naturellement par d'autres étapes, comme Heidelberg, Spa et les villes d'eau où depuis le dix-huitième siècle l'aristocratie et une partie de la haute bourgeoisie se retrouvent pour gagner et perdre des fortunes au jeu. Les plus grands noms d'Europe y croisent des escrocs et autres chevaliers d'industrie, formant ensemble une

PASTILLES VICHY-ÉTAT

société bigarrée qu'ont décrite Casanova, Dostoïevski et Thomas Mann.

Vers 1900 toutefois, ce monde s'est assagi en s'élargissant. De nouvelles stations, dans les Vosges, les Alpes ou en Auvergne, attirent une clientèle plus sage, une bourgeoisie aux mœurs plus sévères. Ce n'est plus pour se livrer à la passion du jeu, mais pour « prendre les eaux » que l'on s'embarque avec armes, bagages et domestiques.

Les villes d'eau françaises n'auront jamais la renommée de leurs homologues allemandes ou belges, mais Vichy et les petites villes d'Auvergne, les stations vosgiennes comme Plombières-les-Bains, ou encore celles des Alpes attirent une bourgeoisie soucieuse de sa santé et de son confort, pour laquelle on crée des jardins publics, des kiosques à musique ; on organise des bals, des concerts, des ventes de charité, afin de recréer l'élégante vie sociale des grandes villes. C'est cependant un monde différent : on y rencontre moins d'hommes, sauf quelques vieux messieurs, beaucoup de femmes, quelques adolescents. L'atmosphère des villes d'eau est paisible, et

On se rend à Vichy pour prendre les eaux, mais aussi pour se montrer, faire des rencontres, pourquoi pas un riche mariage… mais gare à la concurrence !

déjà légèrement surannée. Il y règne le calme particulier d'une vie tout entière vouée au repos du corps et de l'âme – car les eaux, qu'on boit dans un petit gobelet métallique ou dans lesquelles on se baigne, soignent aussi bien les affections physiques que la neurasthénie. C'est en réalité pour changer d'air que l'on va prendre les eaux…

Le concert quotidien est l'occasion de se retrouver… et pour les enfants de s'ennuyer, comme à cette terrasse de café à Vichy en 1910.

On s'instruit, bien sûr, mais on s'amuse aussi, avec une petite touche de couleur locale pour goûter les charmes du dépaysement. Et en Égypte, pour chambrer un vin, rien ne vaut les temples.

avant 1914, on ne part pas « en vacances ». On fait une cure qui a été recommandée, voire « ordonnée » par le médecin de famille, on voyage pour s'instruire ou, qui sait, pour se marier ou se remarier ; toutes activités utiles et honorables, auxquelles on se livre avec sérieux en ayant le souci de tenir son rang.

Et vogue le navire

Prendre la mer, jusqu'au dix-neuvième siècle, est une expérience risquée, où du mal de mer à la possibilité du naufrage, les désagréments sont nombreux. Personne, absolument personne n'aurait l'idée de le faire pour son plaisir. Il faut attendre la navigation à vapeur, puis le développement de navires de plus en plus grands et de plus en plus confortables, pour que l'on s'aperçoive que, tout compte fait, il peut être agréable de séjourner sur un bateau.

Les touristes Cook qui traversent la Méditerranée pour rejoindre l'Égypte et s'arrêtent à Naples, puis dans les îles grecques, découvrent ainsi l'agrément d'une manière de voyager où l'on passe d'un lieu à l'autre sans jamais changer d'hôtel, en retrouvant le soir les mêmes

Le loisir est-il permis ?

Il faut bien comprendre que ces vacanciers de 1900 n'auraient guère l'idée, ou plus précisément l'audace, de voyager pour leur plaisir. Issus d'une bourgeoisie où l'on exerce un métier et où l'on connaît la valeur de l'argent, les dames et les jeunes gens qui les accompagnent justifient leur séjour, qui par sa santé, qui par l'utilité de découvrir le monde. La « société des loisirs », dont l'émergence a lieu dans les années 1950, n'est pas encore d'actualité.

Cette insistance mise sur l'utilité des séjours thermaux ou touristiques, cette volonté commune d'en faire une activité utile et non un moment de farniente, contrastent avec le fait que dans leur immense majorité, les thermalistes eux-mêmes n'exercent pas de métier : ce sont des maîtresses de maison ou des personnes âgées, retirées des affaires et vivant de leurs rentes. Mais le fait est là : les vacances, telles qu'elles s'inventent à l'orée du XIXᵉ siècle, se définissent par rapport aux valeurs du monde du travail. Après 1936 et les congés payés, ce sera le repos annuel du travailleur ;

voisins de table, les mêmes domestiques qui connaissent vos petites habitudes. Par rapport à la vie à terre, inconnue et pleine de dangers, quelle tranquillité de regagner ainsi le navire sans s'inquiéter des bagages, de trouver un hôtel, sans risque de se perdre. Ainsi naissent les croisières, dans la deuxième moitié du dix-neuvième siècle : le navire n'est plus seulement conçu comme un moyen de transport, mais comme un lieu de vie.

Au souci du confort se mêle une forme de liberté que l'on apprend vite à apprécier. La croisière, c'est en effet une vie vouée au mouvement ; non le mouvement saccadé du chemin de fer, la secousse du rail et les sifflements de la locomotive, mais celui, ample et lent, du navire d'un blanc éclatant, où l'on passe en quelques pas de l'éblouissement de l'azur aux lumières tamisées d'un intérieur cossu.

Le vent de la liberté

Ce petit monde aux allures d'île est préservé des atteintes de la réalité : violence sociale,

pauvreté, saleté disparaissent comme par enchantement dès qu'on a mis le pied sur le bateau. La vieillesse elle-même se fait plus discrète : les passagers les plus âgés recherchent l'ombre, se couvrent avec des plaids, se plaisent dans les salons, tandis que les plus jeunes envahissent les espaces découverts : ponts ensoleillés et pistes de danse.

Le paquebot Normandie fut vers 1935 le plus luxueux du monde et, comme on disait à l'époque, l'orgueil de la marine française.

Assiette souvenir du paquebot *La Provence*.

17

Élégance et décontraction,
tel est le secret de la vie
sur les paquebots.
Les dames redoublent
de soin pour leur toilette.

Dans ce monde presque irréel, les manières se relâchent imperceptiblement. On avait coutume de dire, jusque dans les années 1950, que les couples restaient fidèles jusqu'au canal de Suez: après quoi l'éloignement, l'ivresse du voyage, la douceur des nuits et la promiscuité des coursives invitent à goûter les délices du fruit défendu... dans la connivence des autres passagers, eux aussi soumis aux charmes enivrants de l'embarquement pour Cythère.

Le monde de la croisière est ainsi un mélange d'élégance et d'abandon. On y surveille sa tenue, car plus encore que dans un hôtel, on y est en représentation permanente : il s'agit de jouer à la perfection le jeu des bonnes manières, quitte à en rajouter

Les hommes arborent des chemises de polo qui donnent à l'ensemble un côté sport. Confortablement installé sur le pont, on peut lire son journal, arrivé avec le courrier par hydravion...

puisque les autres passagers ne savent pas exactement de quel monde vous venez, quel est au juste votre niveau social. L'espace d'un voyage, vous pouvez jouer à être celui ou celle que vos relations et vos revenus ne vous permettent pas d'être dans le monde réel.

Dans le même temps, cette représentation permanente est tissée en filigrane de secrets et de regards qui dérobent au théâtre social une intimité nouvelle. Là où le monde des maisons bourgeoises est celui de la surveillance et de la réputation, l'univers éphémère des croisières autorise le risque : une épouse qui cède à la tentation n'en sera pas pour autant une femme perdue. On flirte, on sourit, on se confie.

Pour les passagers des transatlantiques qui relient Paris et New York dans les années 1920, il y a aussi l'atmosphère de jubilation festive des Américains s'échappant d'un pays alors soumis à la prohibition. Le paquebot *Île-de-France*, achevé en 1927, est ainsi surnommé « The Longest Gangplank », en référence aux cabarets clandestins où l'alcool interdit coule à flot. L'atmosphère sans soucis des années folles, du jazz, du tango et des jupes courtes s'y

exprime en toute liberté : lieu d'ivresse et de fête permanente, le transatlantique est une gigantesque party flottante.

C'est ainsi que naissent, dans la douceur des nuits en mer, quelques-uns des traits de l'imaginaire moderne des vacances : une vie entre parenthèses, où l'on sent souffler une liberté nouvelle. Une vie où l'on peut s'abandonner à ses rêves et à ses désirs. Sea, sex and sun, chantera Serge Gainsbourg à la fin des années 1970 : c'est sur les ponts des paquebots, des années 1920 à la fin des années 1950, que s'esquisse cette nouvelle façon de concevoir ses vacances.

Palaces flottants

Comment vit-on sur un paquebot ? Il faut d'abord se figurer le bruit constant et sourd du moteur. Il y a ensuite la cabine : toute petite, un lit solidaire des parois, des placards et non des armoires, un hublot rond où l'on peut à peine passer la tête, pour les plus confortables un minuscule cabinet de toilette ; quelque chose de radicalement différent d'une maison. L'espace est compté. Longues et étroites, les coursives débouchent sur des escaliers : la vie privée se passe en bas, la vie sociale dans les hauteurs.

Il y a aussi, puissantes et douces, les oscillations du navire. Les meilleures cabines sont situées au milieu, afin de limiter au maximum les effets du tangage ; pour le roulis, il n'y a rien à faire, sauf à se passer de hublot... Mais les navires construits dans les années 1920-1930, comme le Normandie ou le Queen Mary, sont si vastes que les mouvements de la mer ne sont presque plus perceptibles. Le Normandie, par exemple, mesure plus de 313 m de long, son tirant d'eau est de 11 m, et sa largeur maximum, ce que l'on appelle le maître-bau, dépasse 36 m.

On peut s'y perdre, mais en réalité c'est un monde très organisé. Prenons les transatlantiques, par exemple, qui embarquent à la fois des voyageurs modestes et d'autres très aisés. Trois classes divisent le bateau, dont le lieu central est le « pont des Premières », communiquant directement avec le tout aussi prestigieux « salon des Premières » : vastes espaces bien dégagés, ce qui apparaît comme le vrai luxe dans un monde où chaque mètre carré est compté. Le pont des Premières domine symboliquement le navire : situé au centre et bien abrité, il contraste avec les ponts inférieurs, soumis aux embruns (en proue) ou à la fumée, au bruit des moteurs et à la vibration des hélices (en poupe). Les coursives extérieures et intérieures font communiquer

Cette petite valise nous rappelle que les paquebots, cela sert aussi à voyager...

Ils sont jeunes, c'est vrai – mais, sur la terre ferme, auraient-ils l'idée de jouer aux palets ? Le pont d'un paquebot, c'est comme l'enfance retrouvée : un lieu hors du temps, aux règles subtilement différentes.

tous ces espaces, mais les différences vestimentaires matérialisent les différentes classes bien plus sûrement que ne le feraient des barrières.

La vie moderne

Immortalisée par les affiches publicitaires de Cassandre, l'esthétique des grands paquebots construits dans les années 1920 et 1930 est art déco : une pureté nouvelle, l'économie des couleurs faisant valoir l'art de la ligne et la beauté des formes géométriques. Mais les matières sont précieuses : cuivres brillants de l'extérieur, pont en teck, boiseries et moquettes de l'intérieur. Expression d'une modernité qui tente de conjuguer le luxe et un certain minimalisme, le paquebot apparaît comme le lieu par excellence de la vie moderne dans toutes ses expressions : liberté des mœurs, pureté des lignes.

À quoi s'ajoute la griserie de la vitesse : le 29 mai 1935, le paquebot Normandie entame sa première traversée commerciale, du Havre à New York. Il parcourt 2 971 milles en quatre jours, trois heures et deux minutes, à la vitesse moyenne de 29,94 nœuds. Ce record sera battu par le Queen Mary, mais donne une idée du mélange de lenteur et de vitesse des voyages transatlantiques : quatre jours, c'est objectivement très rapide pour traverser un océan ; en même temps, on a le temps de prendre ses habitudes, de faire des rencontres... et même de s'ennuyer un peu !

Mais on peut aussi y déguster une cuisine soignée, digne des grands restaurants parisiens. Chaque navire possède sa propre ligne de vaisselle, marquée à ses armes. Le service est de qualité, et entre l'uniforme blanc des officiers et la tenue soignée du personnel de la Compagnie générale transatlantique, l'impression d'élégance est omniprésente.

Les baigneurs de la Belle Époque craignaient le soleil, les passagers des années 1920 et 1930 lui offrent leur visage et leur corps. L'esprit sportif et le goût de la vie au grand air se répandent dans l'ensemble de la société, et sur le pont est installée une piscine autour de laquelle on bronze sur des transats. La lumière éblouissante impose les lunettes de soleil, des cocktails circulent, les corps musclés et dénudés s'exposent sans contraintes : cette vie moderne, aux allures américaines, fait du paquebot l'image même d'une modernité conçue sous le signe du progrès technique, de l'innovation esthétique, mais également d'une beauté nouvelle du corps humain, dynamique et musclé.

Les élites sociales des années 1920 et 1930 forgent ainsi une esthétique du loisir qui sera popularisée par le cinéma et les premiers magazines illustrés de photos, comme *Match* ou *Marianne* avant la guerre, *Paris-Match* après-guerre.

Un verre dans la piscine ou la vie rêvée des riches... La fête est l'un des modèles des vacances, suggérant un art de vivre qui n'est au fond que l'envers du quotidien.

■ Les corps se dénudent peu à peu au soleil, en même temps la peau dorée devient à la mode.

L'attrait de la mer

« Vous allez où cet été ? – À la mer. »
Ces trois mots magiques, comme ils ont
fait rêver ! Peu importe où on allait :
la grande bleue, le soleil, cela suffisait.
Et si en plus on avait une plage de sable fin…

Au XXe siècle, la mer est devenue l'une des images du bonheur. Le soleil, le sable, l'eau, une légère brise, le cri des mouettes, et ne rien faire, allongé sur une natte ou une serviette : qui n'a pas en mémoire ces instants de farniente où le temps s'efface, où au cœur des vacances le souvenir de la vie réelle s'estompe et se fait presque irréel ? C'est généralement à ce moment que l'on reçoit un ballon sur la tête, ou qu'un gamin passe à toute allure, vous aveuglant de sable ; quand ce n'est pas le chien du voisin, bâtard hirsute que pourtant vous aviez à l'œil, qui s'ébroue et vous éclabousse de quelques

Aux Sables-d'Olonne en 1910. Un costume de la Belle Époque, mais un sourire de toujours.

gouttelettes salées. La mer, c'est ce mélange de grands bonheurs et de petits désagréments, qui nourrissent l'histoire de chacun – même ceux qui préfèrent la montagne !

Les premiers bains de mer

Aujourd'hui associés à une vie sans souci et à l'abandon des corps dénudés, les bains de mer sont au départ une pratique thérapeu-

Il est impératif de se protéger du soleil, pour ne pas se « gâter le teint ».

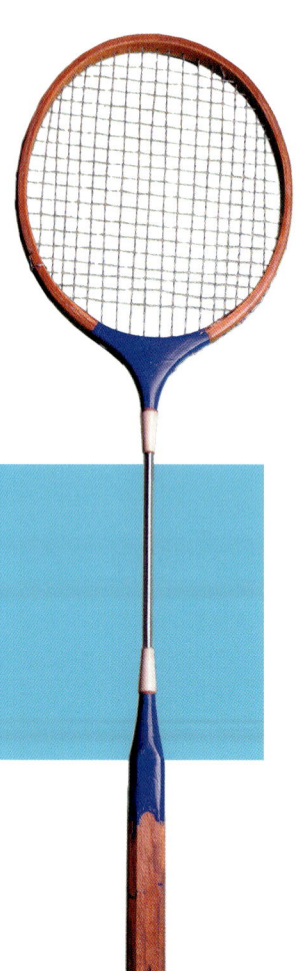

tique. Si le terme de thalassothérapie ne se répand vraiment que dans les années 1970, c'est bien dans un souci de santé et sur le conseil du médecin que la bourgeoisie des villes commence à la fin du XIXe siècle à se rendre sur les plages normandes et, plus rarement, méditerranéennes.

Se baigner dans une eau salée, encore associée aux dangers de la vie marine, n'a d'ailleurs rien d'évident en 1900. Les familles de pêcheurs contemplent avec étonnement ces étranges baigneurs aux costumes compliqués, dont les motifs à rayures évoquent pourtant de très loin leurs propres vêtements.

Quant aux baigneurs eux-mêmes, certains n'en mènent pas large : savoir nager reste encore une exception et l'on se contente de barboter à quelques mètres du rivage. On évite de se mouiller les cheveux, par crainte de les abîmer : chapeaux et bonnets sont utiles, mais le plus sûr est encore de ne pas mettre la tête dans l'eau... Le soleil est apprécié autant qu'il est craint : car en bronzant on se gâterait le teint, dans une société où la beauté est pâle. Un teint halé suggérerait un je-ne-sais-quoi de rustique, de commun ; aussi se protège-t-on le visage avec des voilettes, tout comme on s'abrite des éléments – cet horrible sable ! – sous des tentes. La pudeur, enfin, exige des cabines de plage pour passer d'un costume à l'autre, du théâtre des jeux dans l'eau à celui de la promenade.

Hôtels et villas

On séjourne à l'hôtel. Ce sera par exemple un de ces palaces édifiés dans les années 1880, avec « tout le confort moderne » – eau chaude à tous les étages, ascenseurs, et surtout une nombreuse domesticité, du liftier aux femmes de chambre en passant par le réceptionniste, le chasseur, le concierge, le maître d'hôtel et un directeur aux airs cosmopolites. Un voyage sur la côte normande représente à l'époque une nuit de train : une véritable aventure ! C'est un voyage grisant et éprouvant, qu'on n'effectue pas à la légère : longuement mûri, il précède un long séjour, de deux à quatre mois. On y reste pour la saison, à l'instar des aristocrates du Faubourg Saint-Germain qui rejoignent leur château en été. Les plus aisés font construire une villa, dans laquelle ils reviennent tous les ans : la côte normande, aujourd'hui encore, porte la trace de ce monde qui n'a pas disparu, même si les séjours sont désormais plus courts et si les week-ends ont pris le relais de la « saison ». Tout un attirail se révèle nécessaire, qu'on louera à la journée ou à la saison : la cabine pour se changer, mais aussi des transats, un parasol pour ne pas bronzer.

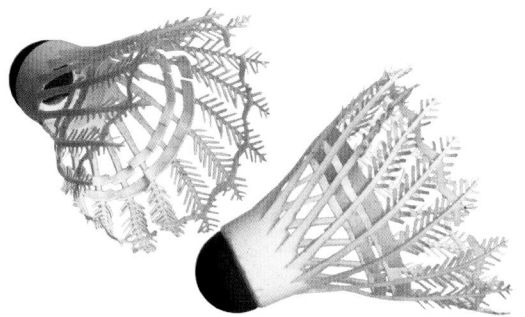

La serviette-tente remplacera un temps la cabine de plage : peu pratique, mais pour les spectateurs il est si amusant d'observer les baigneurs en équilibre précaire, qui tentent de se changer et finissent immanquablement par tomber, rougir, s'emporter ou au contraire rester muet, et pour finir se retrouver habillé, certes, mais plein de sable !

Ces premières vacances, au fond, ne sont pas encore ce que nous appellerions des vacances. Tout est fait pour qu'elles ressemblent à la vie normale : on change d'air, mais on retrouve la même société, les mêmes codes, le même esprit de sérieux. L'idée, profondément moderne, d'échapper à ces codes et à cet esprit de sérieux, de se libérer enfin en partant en vacances, n'a pas encore fait son apparition.

Il y a mer et mer

Entre les plages de galets de Dieppe et les dunes du Sud-Ouest, entre les petites criques

Même à Deauville, en août 1936, il y avait plus de monde que d'habitude…

Les déesses de la plage et leurs admirateurs. Le vent qui souffle met en valeur la silhouette et suggère de nouvelles formes d'élégance.

Les bains à la corde, ou comment éviter le ressac : en l'absence de maître nageur, la sécurité reste une priorité.

bretonnes et les rosières brûlantes de l'Aude, la grande bleue a mille visages. Les estivants n'en savaient pas tant, à la fin des années 1930 ou au début des années 1950 ; ils allaient à la mer, voilà tout, et en ces temps où les voyages en train étaient longs, les voitures petites et les autoroutes inexistantes, on allait généralement au plus court. Pour les Parisiens, ce furent ainsi les plages normandes et celles de la Baie de Somme. Les ouvriers du Nord poussèrent jusqu'au Touquet ou à Berck-plage, fréquentés déjà par leurs patrons. Les Lyonnais, quelques Bourguignons et Franc-Comtois gagnèrent Marseille, Carry-le-Rouet, les villes de Camargue et de la Côte d'Azur ; et pour ceux qui vivaient non loin des littoraux, les plus audacieux firent l'acquisition d'un cabanon, quatre planches où caser la famille le dimanche, passer quelques semaines en été.

Très vite pourtant, des différences se font jour. Les plages normandes conservent la

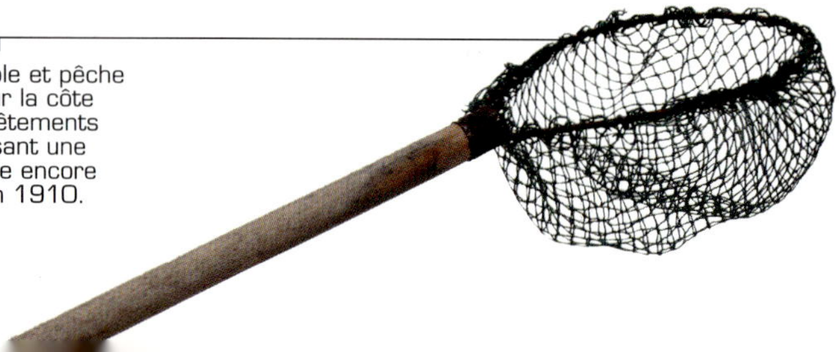

Châteaux de sable et pêche aux crevettes sur la côte Atlantique, les vêtements diffèrent, trahissant une hiérarchie sociale encore très marquée en 1910.

clientèle huppée qui était la leur : les villas déjà construites continuent à accueillir l'été des familles entières, rejointes le week-end par les pères.

Plus au sud, les stations balnéaires de la côte atlantique comme les Sables-d'Olonne ou Royan accueillent une population plus hétéroclite. Des stations plus populaires se créent après-guerre, de véritables villes de plage comme La Baule ou, dans les années 1960, La Grande Motte et le Cap d'Agde sur les plages de l'Hérault. Des villes endormies, comme Sète, retrouvent une seconde jeunesse.

La Bretagne cultive sa différence, ses côtes rocheuses résistent à l'urbanisation sauvage et son climat la réserve aux amateurs qui ne jurent que par elle.

La Côte d'Azur enfin s'impose comme plus tapageuse, plus moderne que la Normandie. Antibes, Nice, Cannes, Monte-Carlo attirent depuis longtemps déjà une clientèle cosmopolite au luxe plus ou moins discret, mais elle est loin de Paris : 8 heures de train encore à

On déjeune sur la plage en prenant soin de ne pas mettre de sable dans son assiette.

la fin des années 1940, et quand on commence à s'y rendre en voiture dans les années 1950 les Français découvrent avec effarement les bouchons, terribles dans la décennie suivante : très peu d'autoroutes, des dates de vacances identiques d'un bout à l'autre du pays, les deux voies de la nationale 7 engorgées pendant un mois...

La culture plage

La plage, ce n'est pas seulement du sable et des vagues. Ce sont aussi des jeux : cerfs-volants, raquettes, pelles et seaux pour les plus jeunes, volley-ball, ou tout simplement bouées et bateaux pneumatiques – ces derniers apparaissent à la fin des années 1960, en même temps que les palmes, masques et autres tubas réservés dix ans auparavant à quelques spécialistes.

Sur les plages du nord, on fait du char à voile ; certains se risquent au dériveur, d'autres

Jeux de plages vers 1935 :
le *médecine-ball* a au moins
un avantage, le vent ne
l'emporte jamais bien loin !

plus vite de la plage, les cafés voisins sont l'occasion de se retrouver entre adultes, laissant les gamins jouer en liberté dans cet espace sûr, surveillé de toutes parts, qu'est la plage, où les seuls risques tangibles sont d'attraper un coup de soleil ou de rencontrer une méduse. Vers six ou sept heures, tout le monde se retrouve, épuisé et rougi, découvrant avec stupeur qu'on peut se fatiguer en ne faisant rien de la journée.

L'inutile et l'indispensable

Il faut prendre garde alors à ne rien oublier, et les vacances à la mer sont pleines de ces drames minuscules et parfois cocasses de chaussures enterrées dans le sable, de montres perdues, de lunettes égarées. Heureusement, certains accessoires sont plus difficiles à manquer : ainsi les pliants de plage et les parasols. D'autres restent sur place : les cabines de plage, héritées de la Belle Époque, restent fidèlement à leur place sur les plages de l'Ouest, quand elles se font plus discrètes sur celles du Sud, de colonisation plus récente. Certains accessoires se métamorphosent au fil du temps, comme les chapeaux de plage concurrencés par les bobs et les casquettes. Il en est d'autres qui apparaissent, comme les crèmes et les huiles solaires (inventées en

naviguent enfin sur de simples chambres à air de camion ou sur des matelas gonflables. Inventée en 1964 aux États-Unis, la planche à voile ne se popularise que dans les années 1970. Des maîtres nageurs athlétiques surveillent les jeunes et les moins jeunes, prêts à se jeter à l'eau même si l'on murmure que certains ne savent pas nager. Des marchands ambulants passent et repassent, traînant inlassablement leur glacière ou leurs piles de journaux.

Des clubs de plage se créent, qui proposent des cours de natation ou simplement des activités qui permettent d'occuper les enfants une matinée ou toute une journée. Il y a aussi les manèges installés pour l'été dans un décor de fête foraine, entre les marchands de glace, ceux de gaufres et de churros, et les stands de tir.

Il y a enfin les classiques de la vie méridionale : la pétanque et le pastis, l'un suivant l'autre ou l'accompagnant. L'apéritif est célébré pendant les vacances comme un rituel, de préférence avec un alcool du pays : vin rosé, blanc, ou encore les liquoreux locaux.

Pour les parents, et singulièrement les hommes qui se lassent

Lorsque la mer se retire,
les amateurs de croquet
s'installent sur le sable
mouillé, délimitant leur zone
de jeu à ne pas franchir.

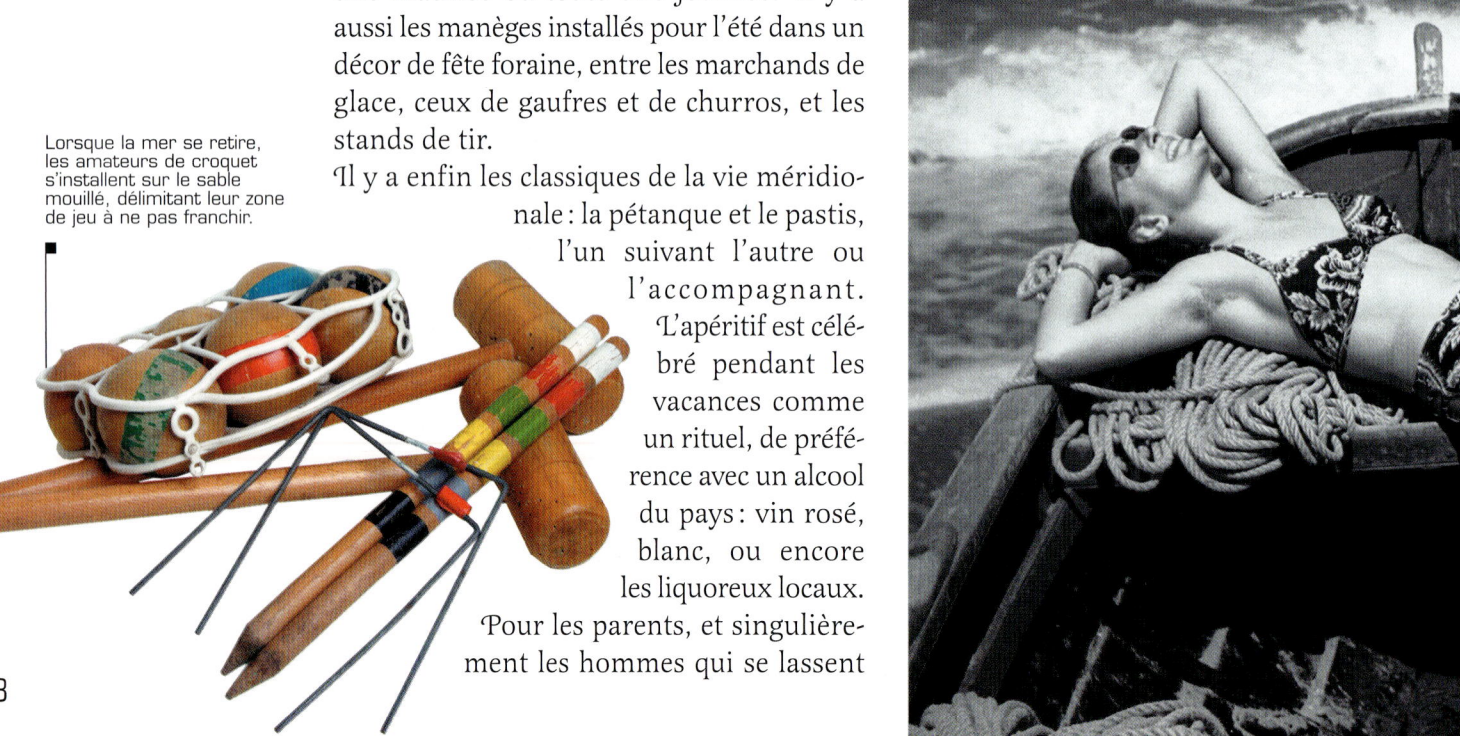

France en 1935). Tee-shirts, bermudas et shorts à l'américaine font partie des nouveautés, avec les chemisettes. Les maillots de bains raccourcissent. Lancé en 1946, le bikini fait scandale : découvrant un nombril jusqu'alors réservé à la sphère intime, il est considéré comme outrageusement érotique, et l'image de Brigitte Bardot en bikini vichy dans *Et Dieu créa la femme* (1956) défraie la chronique. On le voit néanmoins se multiplier sur les plages des années 1960, bravant l'interdiction prononcée par le Vatican en 1964. Il est vrai qu'à l'époque, quelques nageuses audacieuses, à Saint-Tropez, évoluent déjà les seins presque nus.

Plages à la mode

L'émergence de Saint-Tropez dans les années 1950 montre bien l'apparition d'une nouvelle culture estivale, où d'anciens coins tranquilles sont investis par des touristes fortunés et délurés. « Saint-Trop' » apparaît ainsi au début des années 1960 comme l'un des lieux symboliques de la France contemporaine : plaisirs faciles et fêtes jusqu'au bout de la nuit, musique trépidante, boîtes de nuit, alcools et drogues, voitures de sport donnent une version européenne et glamour des stations chics de Floride ou de Californie.

Retransmise par la télévision, montrée aux actualités cinématographiques, évoquée en pleine page dans les nouveaux magazines (*L'Express, France-Observateur, Paris-Match*), la vie tropézienne impose ses images et ses modes à l'ensemble des stations. Aucune n'échappe à cette référence omniprésente, qui fait d'un lieu de vacances une forme de modèle culturel. Certaines stations se veulent plus familiales, d'autres emboîtent le pas aux plages à la mode, avec les moyens qui sont les leurs. Les stations édifiées dans les années 1960 dans le cadre d'une politique volontariste d'aménagement du territoire, sur les côtes languedociennes et aquitaines, sont marquées de cette influence : la mer, ce sera aussi le monde de la nuit et de la fête. Pour les adolescents qui séjournent dans les années 1960 au Camping de la plage ou à celui des Flots bleus, cette vie rêvée, fascinante et un peu inquiétante, est l'un des horizons des vacances. Ils n'en voient le plus souvent pas la couleur, mais à quelques centaines de mètres, ils savent qu'un autre monde commence.

Les pêcheurs ne connaissent pas la sieste bercée par le roulis des vagues. Deux mondes se côtoient en Bretagne dans les années 1950.

LA CÔTE VERMEILLE
20 PHOTOS

Promenade en forêt en 1912.
Les enfants endimanchés
ne doivent pas se salir.

L'art du pique-nique

De Fontainebleau à Barbizon, les peintres
du XIXe siècle ont découvert les joies
de la campagne ; à leur suite,
les citadins du XXe siècle s'aventurent
au grand air et apprennent peu à peu
l'art de vivre hors des villes.

PIQUE-NIQUER sans tente, vous n'y pensez pas ? Pour la bonne société des années 1900, on ne saurait déjeuner sur l'herbe à la manière débraillée des bohèmes d'Édouard Manet : le pique-nique, c'est tout un art. Il faut par exemple une tente, pour se protéger du soleil bien sûr, mais aussi pour s'isoler des domestiques et garder son quant-à-soi. On y dispose une table et des chaises en osier, on y mange, dans des assiettes en porcelaine, des plats froids préparés à l'avance et convoyés dans des paniers.

Famille bourgeoise
dans une forêt normande,
à la Belle Époque.
Les domestiques sont
aussi de la partie, c'est
tellement plus commode !

Pique-niques chics

Tout cela se trouve à quelques kilomètres, parfois quelques centaines de mètres seulement de la maison : on a rejoint à pied ou en voiture le lieu du pique-nique, où tout était déjà installé. On se promène ensuite, en groupe ou deux par deux, en devisant. Courir ou retirer sa veste serait incongru, mais quelques messieurs facétieux peuvent, par

31

En 1910, le canotage est encore un plaisir partagé par de nombreux amateurs ; cette activité disparaîtra progressivement après la guerre.

Quelle que soit leur forme, les petits paniers d'osier sont utilisés pour transporter le pique-nique.

jeu, se livrer brièvement à un exercice physique, comme de jeter une pomme par exemple. Les enfants, habillés en marin pour les garçons, les filles en canotier et petites robes, sont invités à bien se tenir. Après quelques heures, on rentre.

Il y a une nuance de cérémonie dans ces pique-niques 1900, version champêtre du déjeuner du dimanche, dont le matériel est directement issu des soirées données par certaines familles en été : tentes et mobilier appartiennent à un décorum, certes allégé, mais qui doit rester élégant. Il s'agit, en tout lieu mesdemoiselles, de savoir se tenir.

La culture moderne du pique-nique, qui apparaît au XXe siècle, bouscule profondément le rapport au vêtement, à l'environnement, à la façon de se tenir. On pourrait la définir d'un mot : le naturel. Pour y arriver, il a fallu un long chemin ; c'est aussi celui qui mène aux grandes vacances. Ce chemin passe moins par cette tradition aristocratique que par les parties champêtres de la petite bourgeoisie et du monde des employés.

Les enfants s'ennuient le dimanche

Au tournant du siècle, alors que la haute bourgeoisie découvre les plaisirs du thermalisme et du tourisme, la plupart des Français voyagent peu. L'absence de congés annuels ne laisse guère que le dimanche pour se reposer et, après les longues heures de travail, cette journée est consacrée à de courtes promenades et à des déjeuners en famille ou entre amis. Le couple de boutiquiers évoqué par Maupassant dans *Une partie de campagne,* au début des années 1880, ne se risque hors de Paris qu'une ou deux fois par an, en empruntant la carriole du laitier.

La messe, un passage à la pâtisserie, puis de longues heures à table, une noce occasionnelle, voilà à quoi ressemble un dimanche. On s'habille un peu plus soigneusement que d'habitude, quand on en a les moyens ; on fait toilette ; on mange mieux. Le jour du bon dieu est voué au repos plus qu'au loisir, il est moins question de s'amuser que de faire vivre et mettre en scène la personne qu'on aimerait être. Ce n'est pas toujours très amusant : comme le chantera Charles Trenet, les enfants s'ennuient le dimanche.

L'introduction progressive de la semaine de cinq jours, que l'on appelle la « semaine anglaise », va changer la donne pour les employés et les fonctionnaires. Le samedi libéré, que faire du dimanche ? On s'aventure un peu plus loin, pour taquiner le goujon ou déjeuner au bord de l'eau. Les citadins endimanchés vont déguster une matelote et de la friture. On déjeune dans l'herbe, retrouvant un semblant de vie paysanne ; et l'apparition de quelque deux canoteurs ouvre soudain la perspective troublante d'une évasion hors de la vie bourgeoise.

Parties de campagne

S'habiller léger, faire de la yole, nager dans la rivière, c'est un monde nouveau qui se dévoile. Loin des conventions, des corsets et des vertus ménagères, la nature et les eaux offrent une promesse de sensualité, de liberté et de secret. Des corps musclés, vigoureux, déliés, loin de la lourdeur et de la tristesse quotidienne : une autre vie en somme,

plus pleine et plus intense que celle du mariage et de la boutique.

Cette expérience se banalise peu à peu au début du vingtième siècle. Les transports en commun et la bicyclette permettent à des Français de plus en plus nombreux de goûter les joies de la nature. La pêche, la natation, mais aussi le simple plaisir de dormir au soleil suggèrent aussi une vie moins guindée : à la France endimanchée du début du siècle succède une atmosphère dominicale plus débraillée et plus festive, où le vin aidant il est de règle de se laisser un peu aller. On saucissonne ; on mange des œufs durs et des bananes, des côtelettes froides, quelquefois des sandwichs – un mot qu'on ne sait encore guère prononcer. Le barbecue n'arrivera quant à lui que bien plus tard, dans les bagages des militaires américains basés en France dans l'après-guerre. Les merguez enfin arriveront avec les Français d'Algérie, dans les années 1960.

Deux mondes se rencontrent sur cette photo des années 1930 : un homme d'hier, engoncé dans un costume qui n'est sans doute guère pratique pour pique-niquer, et une jeune femme d'aujourd'hui, toute énergie et volonté.

Très pratique la gamelle à deux étages pour le déjeuner sur l'herbe !

Au Plessis-Robinson, avant 1914, un restaurateur ingénieux avait imaginé cette cabane, où déjeunaient des clients amateurs de risque…

À bicyclette, comme dans une chanson de Montand... mais la jeune femme s'appelle Alice.

Avant l'invention du nylon, les cordes des raquettes de tennis étaient en boyau.

Nouveaux jeux, nouvelles tenues

Dès les années 1920, on ne se contente plus des balançoires de Maupassant : les plus jeunes pratiquent des sports mis à la mode à la fin du XIXe siècle : course à pied, lancer, football quand on trouve un ballon, jokari dont l'élastique se casse. Les plus audacieux grimpent sur des rochers, ce qui n'a rien d'évident à une époque où les chaussures de sport sont encore rares. On joue aux « raquettes » de tennis et surtout de badminton que l'industrie produit en série. Les parents sont plus coulants, les enfants courent en liberté ; des pleurs viennent bien souvent ponctuer l'après-midi, mais l'atmosphère reste bon enfant.

« Vous faites quoi dimanche ? » est une question qu'on se pose entre amis, entre collègues. Pour les jeunes, il y a aussi les guinguettes : friture, bière et vin blanc, on danse au soleil en s'essuyant le front. Les plus à la coule sont en bras de chemise. Après la Première Guerre mondiale commence à se répandre l'habitude de s'habiller sport : le chandail, porté librement sur les épaules, remplace la veste, les filles portent des robes légères, le corset n'est plus qu'un lointain souvenir. Les timides restent en costume. On continue à soigner sa tenue, mais le dimanche a pris des couleurs : c'est déjà un avant-goût des grandes vacances.

Vacances à la campagne

Si la campagne apparaît parfaite pour un dimanche, longtemps l'idée d'y passer des vacances n'y est guère exaltante. Quand dans les années 1920, 1930, 1940 on envoie des enfants à la campagne, c'est bien souvent pour leur santé, mais aussi parce qu'on n'a pas les moyens de les emmener en vacances. Les cousins du village, dont on se souvient alors opportunément, acceptent volontiers d'accueillir un gamin supplémentaire, qui pourra donner un coup de main pour faire les foins ou ramener les vaches. Pour les enfants, ce sont souvent des vacances inoubliables : des odeurs, des couleurs, des courses, la fraîcheur de la cuisine, les gros draps rêches du lit tout en hauteur, les siestes dans le foin... Mais ces plaisirs, on ne sait exactement comment les décrire, sinon pour accueillir le retour du gamin d'un « tu as forci », « tu as grandi », ou encore « tu as bonne mine ».
Comme si le seul intérêt de la campagne était de donner bonne santé aux petits citadins. Pourtant, les longues balades à bicyclette sont déjà, en petit, du tourisme : de menues expéditions, avec leurs étapes délicieuses pour regarder un ruisseau ou boire à une fontaine, des paysages, des maisons et des gens. Après-guerre, dans un contexte de pénurie où la possession d'une automobile est encore rare, certaines familles décident d'ailleurs de partir à bicyclette : on fait quinze, vingt kilomètres, papa devant et maman derrière, les petits pédalant de toutes leurs forces, on trouve une rivière, et on est en vacances.

La campagne, ça se visite !

Les mêmes, une décennie plus tard, traversent en voiture d'autres campagnes, un peu plus lointaines. Ils y font étape et en goûtent les charmes, mais leur destination est ailleurs. Quand ils en ont les moyens, bien sûr car au milieu des années 1960 bien des séjours estivaux se font encore à la campagne, à commencer par les colonies de vacances. L'idée de préférer la campagne, d'en faire un lieu de séjour non parce qu'on ne peut faire autrement, mais parce qu'on en

Taquiner le goujon en savourant le silence, une cigarette au bec : il y a des plaisirs simples, semble nous dire ce pêcheur du début des années 1950.

Mais oui, il y a aussi des lapins qui ne sont pas en peluche ! Mais gare à ne pas se faire grignoter les mains.

aussi ceux qui choisissent de « retaper » une bicoque dans une région qui n'est pas la leur, l'Ardèche, le Cantal ou le Berry par exemple ; idéalement pas trop loin, pour s'y rendre à l'occasion pendant les week-ends. Acquises pour une bouchée de pain, ces demeures seront souvent « retapées » de longues années durant, en d'interminables chantiers qui finiront par faire des vacances… une autre façon de travailler !

Gîtes ruraux et premières chambres d'hôtes

D'autres solutions s'offrent alors aux voyageurs tentés par la campagne. La première, ce sont les villages de vacances, une formule lancée en 1958 par la Caisse des dépôts et l'Organisation des camps et auberges de jeunesse (OCCAJ), née après-guerre dans le sillage des mouvements d'action catholique. L'association VVF (Villages Vacances Familles) vise à favoriser le départ en vacances du plus grand nombre, en proposant des locations dans des résidences ou des ensembles pavillonnaires à la campagne. En 1968, plusieurs dizaines de villages existent déjà, qui

a envie, apparaît pourtant dans ces années-là. L'association des « Plus Beaux Villages de France », qui traduit bien affirmation nouvelle de la beauté des campagnes, n'est créée qu'en 1982, mais elle est caractéristique de cette découverte.

La maison de campagne, héritage culturel de la bourgeoisie, apparaît alors comme une possibilité. Il y a ceux qui se contentent de revenir dans la ferme abandonnée quelques années ou décennies auparavant ; mais il y a

Un village de vacances alsacien, dans les années 1950. La scène rayonne de bonheur… et pourtant certaines rêvent d'Amérique !

Passé la grille du jardin,
l'aventure commence…
Les jeunes découvrent
la liberté grâce au vélo.

accueillent de très nombreuses familles. Les gîtes ruraux connaissent eux aussi un grand succès : on en compte 3 500 en 1962 et déjà 4 500 l'année suivante. Les chambres d'hôte, en revanche, ne se répandent qu'à partir des années 1970.

Les formules sont déjà assez nombreuses dans les années 1960 pour faire du tourisme rural – on ne parle pas encore de tourisme vert – l'une des tendances les plus remarquables de l'évolution des loisirs. L'urbanisation accélérée de la France amène à regarder la campagne d'un œil nouveau : le goût affirmé de la modernité suscite en retour une forme de nostalgie pour les traditions. La vie en ville, jugée ennuyeuse ou sale, provoque un regain d'intérêt pour la campagne considérée comme un lieu authentique, naturel et paisible.

Là encore, c'est une vie différente, plus intense et plus belle, que l'on vient chercher pendant les vacances. Une vie où l'on pourrait enfin être soi-même, loin des aliénations de la vie urbaine, de la vie au travail, des frénésies d'achats de la société de consommation. Rimbaud déjà l'avait écrit près de cent ans auparavant : la vraie vie est absente. Les millions de vacanciers qui s'élancent sur les routes dans les années 1960 la cherchent sans relâche, en un gigantesque chassé-croisé, qui portent les uns chez les autres, les Italiens en France et les Français en Espagne, les Parisiens à la campagne et les provinciaux à Paris. Ils se doutant déjà qu'il n'existe pas de lieu parfait, mais qu'importe ? Ils ont désormais le goût, déjà le besoin, du dépaysement. Depuis 6 000 ans, les Européens étaient sédentaires, vivaient dans un territoire de quelques dizaines de kilomètres carrés, dont ils s'écartaient rarement. À partir des années 1950, ils redeviennent des nomades.

Toutes les bicyclettes
doivent porter la plaque
d'identification de
leur propriétaire.

■ Au camping, même la lessive est parfois un moment joyeux… Notez au passage la table pliante, qui accompagna des centaines de milliers de Français en vacances à partir des années 1950.

Camping & randonnée

Les premiers campeurs sont à la recherche d'une vie aventureuse, mais à mesure que les équipements se multiplient le camping s'impose en quelques décennies comme une façon agréable et peu onéreuse de partir.

Au cours des années 1920 et 1930, les pionniers du camping conçoivent leurs vacances comme une variété de randonnée, sportive et aventureuse. Ils n'imaginent sans doute pas ce que sera l'image du camping quelques décennies plus tard : une vie tranquille, de vastes terrains couverts de tentes et découpés en parcelles rectangulaires, où des familles s'installent pour un mois. Le camping naît dans le cadre très particulier de la vogue du sport, qui touche la France un peu avant 1900. C'est dans l'Angleterre victorienne, au cours de la seconde moitié du XIXe siècle, que cette étrange pratique est apparue. Bien différente des jeux qui l'ont précédée, elle peut se définir elle aussi comme un passe-temps, mais le sens qui lui est conféré est tout à fait nouveau. Le développement du corps devient un but en soi, sans lien avec le travail ou les arts de la guerre.

En 1913, les tentes de camping sont encore directement inspirées du matériel d'une armée en campagne.

Un esprit sain dans un corps sain

La force physique, jusqu'alors, était associée au monde du travail et les classes supérieures s'en passaient volontiers : on chassait, on s'exerçait aux armes, mais un bon cavalier ou une fine lame n'étaient pas forcément des athlètes. Avec le sport, l'effort et les épreuves physiques sont valorisés. Des jeunes gens riches, qui pourraient voyager en voiture ou

Le camping sauvage, c'est formidable… mais il y a aussi quelques petites contraintes, comme la corvée d'eau par exemple. Il faut faire parfois plusieurs kilomètres en portant la vache à eau à bout de bras.

Il faut s'habituer au goût singulier que prend l'eau dans une gourde en aluminium.

à cheval, découvrent le plaisir de faire de longues marches. Ils apprennent qu'éprouver ses forces et affronter la nature peut être l'occasion d'un plaisir ou d'une satisfaction. Ce développement du corps va de pair avec l'idée de former les esprits. Les collèges britanniques, où sont éduqués les jeunes de la bourgeoisie et de l'aristocratie libérale, font du sport un ensemble de valeurs. La fraternité et l'esprit d'équipe sont balancés par l'idéal de compétition, la violence maîtrisée va de pair avec l'importance des règles.

Ces valeurs et ces pratiques arrivent en France peu avant 1900 et leur essor foudroyant n'est pas sans lien avec le renouveau de l'olympisme sous l'impulsion de Pierre de Coubertin. Tout va très vite. En moins de trente ans, des fédérations sont créées, le sport entre dans les écoles et les jeunes gens y consacrent une part croissante de leurs loisirs. Les patronages s'y mettent, trouvant un moyen d'attirer et de canaliser la jeunesse ; après 1920 entrent en jeu les municipalités, notamment communistes. Des terrains de sport sont aménagés aux abords des villes, des champs transformés en terrain de football dans les campagnes. Les piscines se multiplient à partir des années 1930, des

« complexes sportifs » sont créés ; mais au-delà du terrain de foot ou de la piste d'athlétisme, la campagne offre aux sportifs son lot de défis physiques. Dès les années 1900, cyclistes et randonneurs s'élancent hors des villes.

Le camping est un sport

Toujours plus loin : c'est pour marcher plus loin et plus longtemps, pour repousser les limites de l'effort, que l'on emporte avec soi des vivres, de l'eau dans une gourde et bientôt de quoi dormir. Comme les soldats en campagne, on bivouaque. On dort d'abord dans les granges, en prenant garde à ne pas mettre le feu ; puis, dès avant 1914, sous la tente – non pas les tentes décorées des piqueniques de la bonne société, mais des tentes militaires dont les plus pratiques sont d'origine canadienne. L'ensemble, avec quelques couverts de fer-blanc, tient dans un havresac – on dirait aujourd'hui un sac à dos. On se munit éventuellement d'un alpenstock, c'est-à-dire d'un « bâton des montagnes » : un piolet. D'une lampe-tempête, conçue pour résister au vent et bien utile pour le bivouac ou les marches de nuit. Un pull, des culottes courtes, de grosses chaussures ferrées complètent l'uniforme, et notre randonneur est devenu, sans le savoir, un campeur ! Jusque dans les années 1920, les passionnés

sont essentiellement des individus de sexe mâle ; après la guerre, les filles se joignent aux garçons. Dans un esprit, bien sûr, de franche camaraderie. Cette mixité bien acceptée suggère assez justement les enjeux du camping à ses débuts : il est conçu comme une activité sportive, une forme de randonnée en somme, bien davantage que comme un loisir ou un moyen

La vie au grand air n'empêche pas de rester coquette...

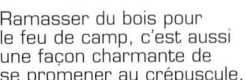

Ramasser du bois pour le feu de camp, c'est aussi une façon charmante de se promener au crépuscule.

41

Avec ce véritable couteau de trappeur, on se croirait perdu dans les vastes forêts canadiennes.

agréable et bon marché de séjourner au bord de la mer. Cette dimension d'abord sportive explique que le camping se pratique... en club ! Le premier est créé en 1910, et quand est lancé en 1933 le Premier Rallye international de camping, en Grande-Bretagne, six clubs français sont représentés. Ce sont eux qui vont constituer l'année suivante le Comité national des associations françaises de camping chargé d'organiser le Deuxième Rallye international.

Les campeurs explorent de nouveaux horizons et enrichissent la géographie du tourisme : ils arpentent les sentiers de montagne et s'écartent des voies les plus fréquentées, croisant sur les pentes des Alpes et des Pyrénées les pionniers de l'alpinisme. Le goût de la marche et celui de l'effort, tendent vers celui du risque et la passion de l'extrême. Le plaisir de découvrir la nature sauvage passe par une recherche des espaces vierges : le camping passe ainsi des campagnes aux montagnes, et il est naturellement voué à s'aventurer rapidement au-delà des frontières : les campeurs des années 1920 et 1930 inventent un tourisme minimaliste, qui séduira par la suite aussi bien les aventuriers en quête de vertige que les routards, beatniks et autres backpackers qui feront de la route, dans les années 1960, un mode de vie.

L'esprit associatif

L'idée ne viendrait aujourd'hui à personne de prendre une carte dans un club pour aller faire du camping ; mais en 1910, il faut se rendre compte qu'il n'existe pas d'infrastructures, pas de « terrain de campings » bien sûr, que les cartes sont rares et mal renseignées, les indications routières rudimentaires et le matériel difficile à trouver ; bref, il peut être utile de mettre en commun la connaissance des sentiers, celle des filières pour se procurer les tentes les plus légères et le matériel le moins onéreux. En outre, l'esprit associatif né dans le sillage de la loi de 1901 est alors très vivant, et on trouve alors tout naturel de socialiser des activités qui seraient aujourd'hui pratiquées à titre privé.

Enfin, dans l'esprit des campeurs d'alors, il s'agit bien d'un sport, exigeant une forme

Un camping dans les Landes, en 1939 : on fait la cuisine comme on mange, tous ensemble !

d'organisation sociale. Plutôt masculin, encore réservé aux élites, il est notamment pratiqué par les étudiants, qui y voient l'occasion d'échapper au monde familial pendant les grandes vacances ; ils font du camping dans le cadre des associations universitaires, comme un prolongement de leur vie estudiantine.

Auberges de jeunesse

Parfois, des enseignants les accompagnent. C'est l'un d'eux, un universitaire allemand nommé Richard Shirrmann, qui invente en 1907 une formule nouvelle, parallèle à celle du camping : les auberges de jeunesse. Contraint par une tempête de se réfugier avec son groupe à l'intérieur d'une école, il conçoit l'idée d'héberger des groupes d'étudiants dans les écoles fermées pendant les vacances. L'idée des auberges de jeunesse gagne la France dans la mouvance du catholicisme social : c'est Marc Sangnier qui crée en 1930 la première auberge française dans sa propriété de Bierville, près de Boissy-la-Rivière. Il fonde dans la foulée la Ligue française des auberges de jeunesse, qui participe en 1932

à la création de la Fédération internationale. En 1936, le sous-secrétaire d'État à la Jeunesse, aux sports et aux loisirs du gouvernement du Front populaire, Léo Lagrange, décide de développer le réseau, qui reprend son essor après-guerre. Le mouvement comptera plusieurs centaines de milliers

Belle-Isle, dans les années 1950. À l'époque, presque tous les campeurs font du camping « sauvage », car les terrains spécialisés sont encore rares.

mais qui installent à l'occasion un robinet ; quelques-uns sont déjà organisés comme des commerces, rencontrant d'abord l'incrédulité des campeurs avant que ceux-ci ne perçoivent les avantages d'un lieu bien équipé.

Terrains de camping

C'est surtout dans les années 1950 que ces terrains apparaissent. Les automobilistes découvrent le camping... durant leurs vacances, au bord d'une route ou non loin de l'hôtel. Ils se promettent d'essayer, tentés par cette vie au grand air et l'atmosphère joyeuse des jeunes gens autour des tentes ; les calculs sont vite faits, et d'ailleurs maman – qui commence à comprendre que l'hôtel a aussi ses avantages – pourra faire la cuisine. Les enfants exultent.

En 1952 déjà, la Fédération française du camping délivre 240 000 vignettes. Au milieu des années 1950, la vogue du camping est telle qu'elle lance un cri d'alarme pour faire aménager davantage de terrains. Elle fait réaliser en 1958 une carte des « Meilleurs camps de France », qui est distribuée à un million d'exemplaires. En 1965, le nombre de journées de vacances en camping est évalué officiellement en France à plus de 58 millions, soit 13,5 % du total.

La qualité des équipements augmente lentement, des sanitaires sont installés, un classement est proposé (une, deux ou trois étoiles), le secteur se professionnalise et les municipalités commencent à en sentir les avantages.

Le camping dit « sauvage », qui n'est autre que l'ancienne façon de faire du camping, est par la même occasion réglementé, interdit dans certains endroits, mais les efforts de la fédération permettent d'éviter une interdiction complète. Des efforts sont faits aussi pour « civiliser » les terrains de camping, occupés désormais par les familles et non plus seulement par les jeunes : silence, propreté, une forme de code de

d'adhérents, sans jamais atteindre le caractère massif du développement du camping.

Des tentes dans les champs

Jusqu'au début des années 1950, il n'existe pour ainsi dire pas de terrains de camping au sens où nous l'entendons aujourd'hui : un espace arboré, équipé des commodités nécessaires, et pour l'usage duquel est demandé un prix de nuitée parfois élevé. Les campeurs font étape dans un pré, après avoir demandé l'autorisation au fermier voisin, chez qui ils iront puiser de l'eau ou acheter un litre de lait – tout ceci pour la plus grande joie des enfants de la ferme, qui jouent non loin de la tente et s'enhardissent à venir parler à ces étranges jeunes gens de la ville, avec leurs drôles de chaussures et leur fascinant matériel – des assiettes en fer, un piolet, un appareil photo, des fanions !

L'ère de la débrouille ne dure cependant que quelques dizaines d'années, et très vite apparaissent des terrains officiels, repérés par les associations. Ils sont fournis par les municipalités, quelque peu méfiantes conduite s'impose, peu ou prou respecté par l'ensemble des campeurs.

C'est ainsi un apprentissage du vivre ensemble que l'on fait en camping. Cela vaut d'ailleurs sur le plan international : les Européens apprennent à se connaître dans les terrains de camping, les Français sympathisent avec des voisins allemands, néerlandais, italiens, anglais, bientôt espagnols, danois ou autrichiens.

Ouverte sur le monde et sur la nature, la vie en camping est aussi plus rassurante, plus proche du quotidien que celle que l'on mènerait dans un hôtel. La cuisine y est pour beaucoup : on se sent très vite aussi à l'aise que chez soi, et sans pour autant déranger les voisins, on ne se gêne pas.

Il faut dire aussi que le matériel se perfectionne et que les voitures grandissent, permettant d'emporter un équipement moins spartiate que les jeunes gens des années 1930.

Le foyer réinventé

Les tentes s'agrandissent, prennent une forme de maison ; des compartiments apparaissent, un auvent sous lequel est installée la table pliante. L'intimité des adultes est protégée par l'enthousiasme des enfants à occuper de petites canadiennes plantées à quelques mètres. Autour de la tente, selon les familles,

Retour de la pêche aux araignées : et maintenant il va falloir les manger !

un joyeux désordre ou au contraire un ordre exemplaire réunit les objets usuels. Palmes et épuisettes, sandales en plastique, ballons. Objets utiles aussi, qu'on conserve à l'intérieur : une glacière, des lits pliants font vite partie des indispensables. Tables et chaises enfin, aux couleurs vives : formica, plastique,

Petit déjeuner au camping, dans les années 1960 : le plastique coloré a remplacé la vaisselle en aluminium.

45

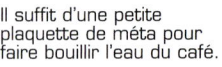

toile de nylon et tubes de métaux font de ces objets des équivalents plus légers des meubles contemporains et donnent une touche de modernité aux vacances.

Aux couverts et aux assiettes de fer-blanc, toujours cabossés, succèdent à la fin des années 1950 de ravissants objets en plastique coloré. Bien sûr, on découvre vite qu'ils sont moins pratiques à dégraisser, mais ils donnent aux vacances une allure de dînette qui ravit les enfants. Certaines activités ménagères, comme la vaisselle, habituellement réservées aux épouses, sont d'ailleurs partagées joyeusement : les enfants et même les maris s'y mettent. On est comme chez soi, avec une petite étincelle qui rend la vie plus facile, plus légère et plus gaie. Bien sûr, il y a les fourmis, cet ennemi du campeur, qui trouvent le moyen de s'introduire partout et en particulier dans le sucre. Mais les petites bêtes n'ont jamais mangé les grosses, au moins l'espère-t-on !

Les années 1950 voient la France atteinte par la déferlante de l'électroménager, des nouveaux équipements électriques à la fameuse cocotte-minute.

Le pliant évite de s'asseoir par terre ; léger, il se plie et se déplie en un tour de main.

Le camping n'échappe pas à cette règle, avec une profusion de nouveaux outils : le maillet caoutchouté muni d'un crochet remplace l'antique maillet de bois, un gonfleur évite à papa de se faire exploser les poumons, différents modèles de réchaud à gaz apparaissent, la lampe à gaz qui avait disparu des maisons trouve une seconde jeunesse sur les tables de camping, et à la fin des années 1960 sortent même des mini-frigos, qui évitent le déprimant pain de glace fondu dans la glacière.

La caravane passe

L'apogée de ce confort, c'est bien entendu la caravane, qui marque toute une époque. On en construit 100 000 par an dans la France des années 1960. Son règne est bref et commence dans l'artisanat. Les premiers constructeurs français sont des carrossiers, des ébénistes, qui aménagent une remorque. Les petites voitures des années 1950 ne peuvent tirer que de petits modèles, mais dans les années 1960 Peugeot, Simca, Citroën et Renault montent en gamme et les caravanes

Il suffit d'une petite plaquette de méta pour faire bouillir l'eau du café.

L'une des toutes premières caravanes, en 1939. Quelle ligne, n'est-ce pas ?

Le camping de la plage, à Cabourg, dans les années 1950. Eh oui, à l'époque les arbres n'avaient pas encore eu le temps de pousser !

Le guide Michelin rappelle que la licence de campeur est exigée dans la plupart des campings et quelques principes de bonnes conduites, comme « Respectez le sommeil d'autrui entre 22 heures et 8 heures » et « N'abusez pas de la radio, pensez aux voisins. »

prennent leur place dans les bouchons des routes de vacances. Il arrive même fréquemment qu'elles créent leur propre bouchon, dans les routes de montagne où l'on ne peut doubler sans danger et où les autres conducteurs pestent pendant des kilomètres.

Il y a sans doute un peu de jalousie dans ces colères, car la caravane coûte cher et signale un statut social un peu plus élevé. On envie son confort, et si dès les années 1970 la sédentarisation est en marche, les premiers adeptes du caravaning sont des nomades qui passent d'une région à l'autre, parfois d'un pays à l'autre avec facilité : il pleut ici ? Qu'à cela ne tienne, on bouge ! Bien plus facile que de replier une tente, on attache la caravane à la voiture et le tour est joué.

Voir du pays : au-delà des frontières

L'étranger reste lointain, et c'est un trait durable, qui distingue encore les Français de leurs voisins d'Europe du Nord : la variété des paysages, la douceur du climat et peut-être une moindre envie d'aller voir ce qui se passe chez leurs voisins expliquent que 10 % seulement de nos compatriotes, dans les années 1960, partent à l'étranger.

Amorcé depuis longtemps par les touristes des classes supérieures, le mouvement gagne pourtant les classes moyennes. Nous l'avons vu avec l'émergence des clubs de vacances, les voyages en Espagne, nous le retrouverons dans le tourisme culturel, aller à l'étranger devient plus simple. Les voitures plus puissantes et plus fiables, les caravanes permettent de se déplacer plus facilement. Et l'Europe vit les mêmes évolutions que la France : on peut retrouver dans les campings d'Espagne, d'Italie et d'Allemagne, voire de Yougoslavie ou de Grèce pour les plus audacieux, les mêmes touristes qu'on a croisés dans les campings français : une sorte d'internationale du camping unifie les touristes européens, qui se trouvent réunis par des façons de se conduire et des budgets somme toute assez proches. Ils se découvrent semblables, s'autorisent ensemble des expériences nouvelles, passer des frontières ou monter une tente. Ainsi la pratique du camping donne-t-elle aux nouvelles générations une audace et un allant que n'auraient jamais eu les précédentes. On croisera en Italie les mêmes Néerlandais, les mêmes Allemands qu'on a vus l'an dernier à La Palmyre : pourquoi ne pas essayer ?

Grâce à un petit bouton, cette lampe torche permet d'envoyer des signaux en morse : un alphabet connu de tous les campeurs !

■ Saucissonner, oui... mais comme à la maison,
avec une nappe, de vraies assiettes, et surtout
l'indispensable bouteille de vin, sans laquelle
un repas n'en est pas un !

L'ère des congés payés

Et le douzième mois ils se reposèrent… ou du moins ils le crurent ! Car pour les pionniers des congés payés, prendre la route des vacances n'était pas une mince affaire et prenait une allure d'expédition.

E N VOITURE ! Par une belle matinée de juillet, à la fin des années 1950, trois enfants se précipitent sur la banquette arrière d'une 4 CV. Ils n'ont jamais vu la mer, mais ils savent déjà que les meilleures places sont près de la fenêtre. Le plus petit se retrouve coincé entre les deux grands et commence à pleurnicher. Maman doit intervenir : c'est promis, les deux autres lui céderont leur place à tour de rôle. Et s'ils continuent à protester, et bien on ne partira pas en vacances ! La petite troupe fait silence et le plus jeune ravale ses larmes. Arrive tante

Amis automobilistes, ne soyez pas naïfs : cette charmante auto-stoppeuse est accompagnée de son ami étudiant, caché dans les buissons en attendant qu'une voiture s'arrête.

Suzanne, avec des lunettes de soleil et un immense chapeau qu'elle doit retirer immédiatement pour entrer dans la voiture. Elle se verrait bien dans une de ces américaines décapotables, conduite par un fiancé bronzé et souriant ; au lieu de quoi on lui confie le panier pique-nique, rempli de sandwiches au jambon et d'œufs durs. Au-dessus de sa tête grince une galerie couverte de valises et de paquets, où l'on distingue un vélo, un gros sac en toile qui doit contenir une tente, une chambre

Bientôt défilent les platanes. « Plus vite papa ! » Ce n'est pas l'envie qui lui manque, mais enfin ils sont six dans la voiture et ce n'est pas une Mercedes. Son rêve à lui, ce serait une Dauphine, une vraie voiture celle-ci, présentée au salon l'année passée. Ou une 403, de la bonne mécanique. Il se fait doubler mais reste stoïque. L'important, explique-t-il doctement, c'est de tenir la moyenne : 50 km/h d'après ses calculs. Évidemment, c'est compter sans le plus petit qui a déjà envie de faire pipi, Suzanne qui va oublier ses lunettes à la station-service, le radiateur qui va chauffer et surtout les bouchons sur la nationale, car la France ne compte alors même pas 100 km d'autoroute. Mais qu'importe ? Il fait beau et, chacun dans la voiture le sent confusément, la petite famille est en train d'écrire l'histoire.

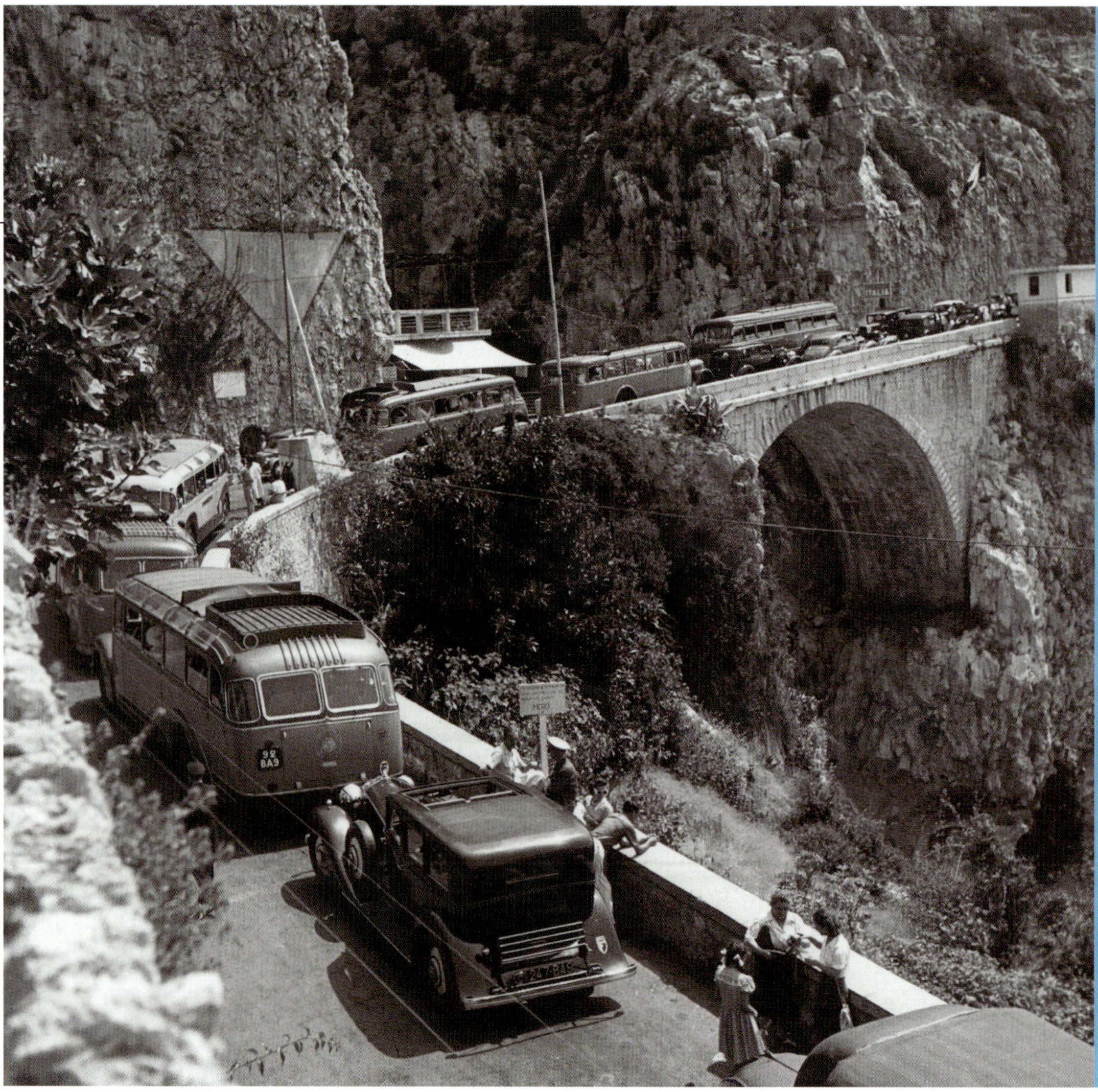

à air de camion, des chaises pliantes et même une épuisette, le tout fixé par des sandows. La 4 CV surchargée s'ébranle, s'engage dans les petites rues et gagne les faubourgs.

En 1960, l'Hexagone ne compte qu'une centaine de kilomètres d'autoroute, et l'engouement des Français pour les vacances se traduit par de longues files d'attente !

Partir entre filles, et en scooter encore : à l'aube des années 1950, les vacances sont synonymes d'audace et de vie aventureuse.

La révolution des loisirs

Ils ne sont pas seuls à l'écrire, et c'est précisément pour cela qu'ils nous intéressent. Ils sont la première génération, dans toute l'histoire de l'humanité, à partir aussi nombreux en vacances.

En 1950 encore, à peine 15 % des Français quittent leur résidence. En 1960, ils seront déjà 40 %. En une dizaine d'années, c'est une petite révolution qui a eu lieu : l'avènement de ce que les sociologues nomment le « tourisme de masse ». Les deux semaines de congés payés conquises de haute lutte en 1936, la troisième obtenue en 1956, la croissance économique des Trente Glorieuses (1945-1975) et le développement de la civilisation de l'automobile, tout cela concourt à faire des « grandes vacances » non plus un moment de vide pour les enfants, mais une aventure partagée. Un moment clé des mythologies familiales, fixé sur des diapositives que l'on regarde l'hiver avec des amis et qu'on redécouvrira des années plus tard, seule trace ou presque de ces années où l'appareil photo ne sortait que l'été.

Il faut revenir sur ce qu'ont pu avoir d'inédit et de grisant ces premiers départs en voiture.

Pour nos trois petits vacanciers, les vacances vont faire partie de leur vie, et ils n'imagineront bientôt plus passer un été sans partir. Pour leurs parents, c'est une fierté, le signe d'une réussite sociale et d'un progrès par rapport à leurs propres parents. C'est en même temps un souci et il n'est pas certain qu'ils prennent autant de plaisir que leurs enfants à monter la tente, manger dans des assiettes en plastique, se battre avec les fourmis et soigner des coups de soleil... Les grands-parents, quant à eux, ne comprendront jamais tout à fait ce qu'on peut trouver de si plaisant à dormir par terre et parcourir des kilomètres quand on est si bien chez soi.

Il existe une culture des vacances, une certaine façon d'y être à l'aise, d'en connaître les codes et d'en apprécier les plaisirs. Garde-t-on ses chaussettes sur la plage ? Faut-il vraiment visiter le musée du bouton de culotte ? Ces questions qui nous font sourire, il a fallu y

En plus des cartes et des guides, Michelin balise les routes pour les touristes.

« Regarder ensemble dans la même direction », la définition de l'amour par Saint-Exupéry s'applique aussi au tandem. Mais pourquoi donc les hommes sont-ils toujours devant ?

Fait de grosse toile et de lanières en cuir, le sac à dos fait souffrir les randonneurs ; à partir des années 1950, une armature en métal soulage les reins et rigidifie l'ensemble.

répondre un jour. Les vacances, ce sont aussi pour les enfants – toujours en avance d'un ou deux coups sur leurs parents, dans ce vingtième siècle où tout change si vite – la gêne et parfois un peu de honte quand papa et maman ne se conduisent pas comme il faudrait. C'est un moment où le spectacle que l'on donne aux autres, habituellement bien cadré, se joue sur une scène nouvelle. Les corps se dévoilent sur la plage, les différences sociales se révèlent sur la route, dans les lieux de villégiature, ou tout simplement dans les gestes mal assurés des uns, qui débarquent dans le monde des vacances, et l'aisance désinvolte des autres qui en connaissent déjà tous les rites.

Cette nouvelle culture des vacances, c'est dans les années 1950 qu'elle est née véritablement. Elle prend des formes multiples : nos petits vacanciers partent faire du camping avec leurs parents, d'autres un peu plus riches séjournent à l'hôtel des Flots bleus... et la plupart de leurs copains d'école vont en « colo », dans de grandes maisons gérées par les comités d'entreprise, les caisses d'allocation familiales ou les comités communaux d'œuvres sociales. Certains font du scoutisme. Il y a aussi les gîtes ruraux et autres « villages vacances » gérés par l'association Village-Vacances-Famille et des mouvements d'éducation populaire comme la fédération Léo Lagrange. Leurs aînés logent dans des auberges de jeunesse ou s'essaient au camping sauvage. Et au milieu des années 1960 encore, alors que surgissent comme des champignons des centaines de stations balnéaires, près de la moitié des séjours se font chez des parents ou des amis.

Objets de vacances

Il y a aussi l'équipement : dès les années 1920, les jeunes campeurs se voient proposer tentes et matériel divers (lampe-tempête, couteaux suisses, sacs de couchage, vaisselle en fer-blanc ou en aluminium, gourde, piolets...), soit dans des magasins spécialisés

comme le *Vieux Campeur* à Paris, soit bientôt dans le catalogue de la *Manufacture d'armes de Saint-Étienne*, plus connu sous le nom de catalogue Manufrance. Car partir en vacances, c'est quelque chose de sérieux, qui rappelle à la fois les expéditions exotiques du XIXe siècle et les préparatifs d'une armée en campagne. Ce n'est que dans les années 1960 que se généralisent les objets en plastique, aux couleurs vives, qui donnent une teinte ludique et légère au matériel des vacances. De tous ces objets, le plus emblématique est peut-être la glacière : elle sert aussi bien aux pique-niques qu'aux séjours plus longs, comme un concentré du foyer : dans ces vacances où tout est ouvert aux quatre vents, c'est l'un des seuls objets que l'on puisse fermer, comme un placard, un frigo ou tout simplement la porte de chez soi.

À une époque où les télécommunications sont peu développées, la carte postale est un autre élément clé du rituel des vacances. Elle occupe souvent un après-midi complet ; on les écrit en série, en reprenant parfois les mêmes formules. Du noir et blanc à la couleur en passant par les chromos colorisés, la carte postale impose son esthétique très particulière, où domine le bleu de la mer et du ciel. La phrase se fait elliptique, brève, grivoise quelquefois. Signe que les esprits et les corps se libèrent et se détendent ; ou plus simplement peut-être l'influence des mots croisés et de leurs définitions en trois mots...

Une nouvelle géographie des loisirs

Où part-on ? Rarement à l'étranger et cela reste statistiquement vrai aujourd'hui : même dans les années 1960 où l'Italie et surtout l'Espagne bon marché attirent des dizaines de milliers de touristes français chaque

année, ce ne sont guère que 10 % des vacanciers qui franchissent les frontières. En France même, un certain nombre de stations de vacances historiques, souvent associées au chemin de fer, concentrent au départ les vacanciers sur quelques points : la Côte d'Azur, les plages normandes, le Mont-Blanc... mais aussi les Sables-d'Olonne, la côte basque autour de Biarritz. Les plus riches ont de longue date leurs lieux de villégiature : Cabourg, Deauville, Nice, Chamonix, des villes d'eau aussi, stations thermales des Pyrénées, des Vosges et du Massif central. On y séjourne longuement, de fin mai

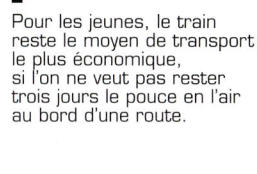

Pour les jeunes, le train reste le moyen de transport le plus économique, si l'on ne veut pas rester trois jours le pouce en l'air au bord d'une route.

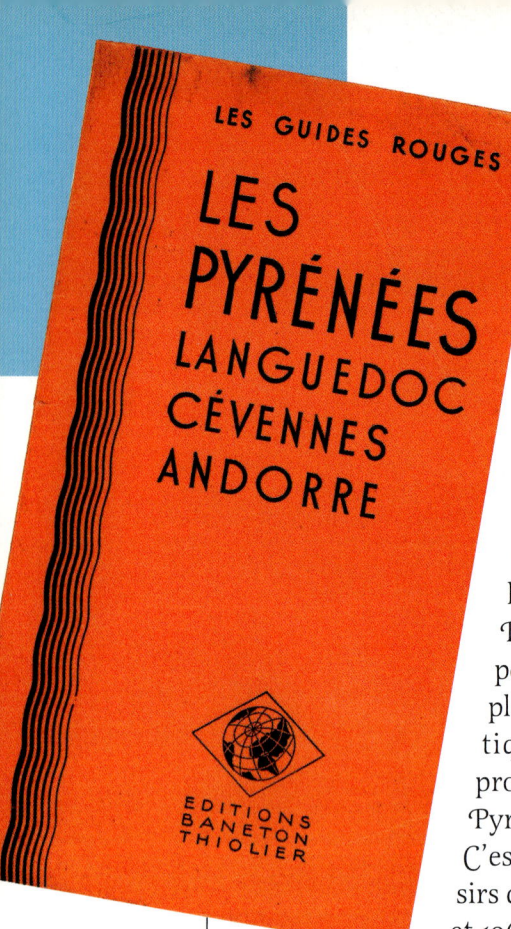

LES GUIDES ROUGES

LES PYRÉNÉES
LANGUEDOC CÉVENNES ANDORRE

EDITIONS
BANETON
THIOLIER

Les guides touristiques s'affichent en couleur : rouge, bleu, vert... et couvrent la France et les pays limitrophes.

jusqu'à fin octobre parfois, dans des palaces ou des villas louées pour la saison.

Les premiers congés payés font le succès de la baie de Somme, mais aussi des lacs et rivières de voisinage où l'on se rend en train, à bicyclette, ou même à pied pour les plus courageux. Pour les salariés, entre la fin des années 1930 et le début des années 1950, on ne fait bien souvent que quelques dizaines de kilomètres pour partir en vacances. Dans les années 1950, l'automobile permet d'élargir les horizons et d'explorer l'ensemble des littoraux atlantique et méditerranéen, de se promener dans les Alpes et dans les Pyrénées...

C'est une nouvelle géographie des loisirs qui naît ainsi dans les années 1950 et 1960. Le tourisme de masse est certes celui des plages bondées, mais c'est aussi une expérience individuelle entre toutes, un moment d'exploration et de découverte qui fait du territoire français un vaste terrain de jeu. La faiblesse durable du réseau autoroutier français contribue à ouvrir le jeu, pour ces aventuriers qui

TENTE LÉGÈRE POUR LE CAMPING-AUTO

9-1003. **Tente légère** dite de " **Camping-Auto** ", en forte toile coton retors très serrée et imperméabilisée, nuance cachou, toile à pourrir à la base, poteaux démontables en bambou, fermeture à lacets. Livrée complète avec tendeurs chanvre et piquets de fixation, dim. 2m × 2m, haut. 1m50, poids 4 kgs 600. *En sac avec instruction. Tente parfaite pour les campeurs motocyclistes ou possesseurs de voitures légères...* **400. »**
9-1008. **Double toit** pour tente ci-dessus, toile coton retors, nuance cachou. Livré complet avec tendeurs, poteaux et piquets de fixation............... **180. »**

empruntent les petites routes et prennent deux ou parfois trois jours pour atteindre la plage.

L'aventure c'est l'aventure

Dans les années 1960 se développe une véritable industrie des loisirs, qui va fournir aux vacanciers des lieux, des équipements, des formules achevant de faire du tourisme une activité économique comme une autre. L'année 1968 marque l'arrivée symbolique dans un monde nouveau, un monde où l'hédonisme triomphant, un temps confondu avec la liberté, va vite se confondre avec les passions matérialistes de la « société de consommation ».

Les vacances demeurent pourtant ce moment magique qui éclaire les onze autres

Qu'elles sont chics, les premières caravanes ! En 1949, c'est encore une nouveauté, et accessoirement un signe extérieur de richesse.

mois de l'année et donne sens aux efforts quotidiens. Elles restent un trait identitaire : « dis-moi où tu pars, je te dirai qui tu es ». Nous mettons désormais nos pas dans les traces de nos aînés ; en France où ailleurs, il n'est plus guère de terres vierges, plus guère de coins perdus à découvrir.

Pourtant, il n'est pas si loin le temps où des 4 CV bondées se traînaient vers les côtes ; pas loin le temps où, dans les stations thermales de la bourgeoisie, se promenaient des dames en toilette de ville, tandis qu'à quelques kilomètres des gamins déguisés en explorateurs campaient dans les bois et apprenaient à allumer un feu sous la pluie. Cette modernité triomphante, celle des

jeunes campeurs ou des petites voitures, est encore présente dans nos mémoires, mais les souvenirs pâlissent et entrent déjà dans l'histoire. Des photos demeurent : les millions de clichés qui dorment dans les armoires familiales, les images d'archives, les photos de presse qui ont capté au fil des ans cette révolution discrète du XXe siècle : le temps libre.

Même les voitures ont besoin de souffler quelquefois… La pause a lieu en bordure de route où les vacanciers ne semblent pas gênés par la circulation.

Pour partir en vacances, une seule solution : emprunter les nationales !

Les tentes sont disposées en cercle
délimitant une grande aire de jeu ;
les tendeurs constituent un maillage
qu'il est difficile de franchir.

Les colonies de vacances

À partir des années 1920, les colonies de vacances ont permis à des centaines de milliers de jeunes Français de partir en vacances. Pas toujours très loin, ni très longtemps… mais quels souvenirs !

Une légère appréhension, la fébrilité du départ, tous ces enfants qu'on ne connaît pas, et pour finir des souvenirs magnifiques de batailles de polochon et, pour les plus âgés, de premiers baisers au goût de chlorophylle… « Partir en colo », pour des centaines de milliers d'enfants, fut la première expérience des vacances, angoissante, grisante, dépaysante. Est-ce vraiment papa et maman qu'il faut remercier ? Si des centaines de milliers d'enfants, à partir des années 1920, peuvent partir en vacances, c'est bien souvent grâce aux nombreuses structures sociales qui organisent et, dans une large mesure, financent les séjours des enfants des classes moyennes et populaires.

Les copains y vont, alors pourquoi pas moi ?

Le mouvement est parti de Suisse à la fin du dix-neuvième siècle, sous l'impulsion de pasteurs, d'instituteurs et de dames de charité. Il se laïcise en passant en France et prend son essor dans les années 1920. Les patronages religieux sont de la partie, mais les principaux acteurs sont les comités d'entreprise, soit dans les entreprises dont la vocation sociale est

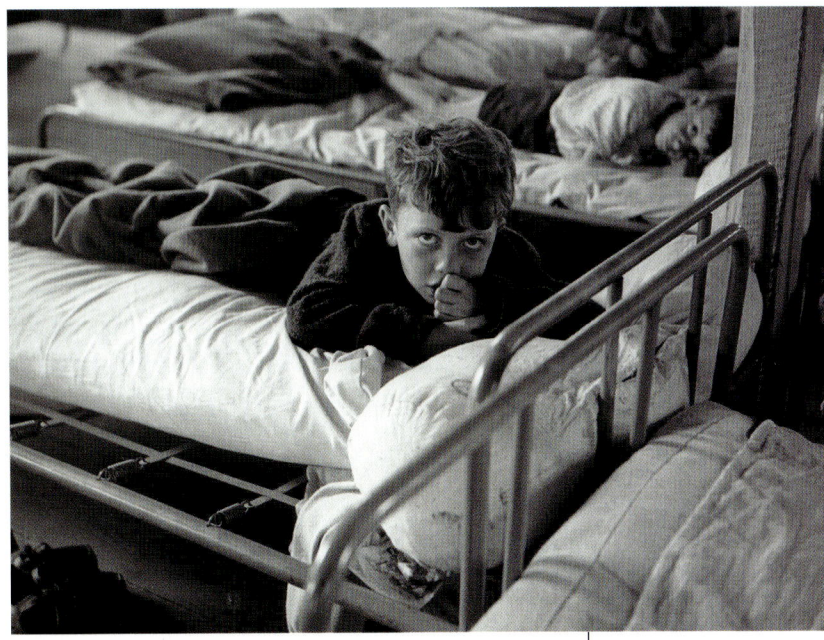

L'heure de la sieste en 1948 ; il est aisé de réveiller le voisin en faisant grincer son lit de camp.

Menton, 1949.
Les colos, ce sont aussi d'innombrables activités, sous la conduite des « monos » toujours pleins d'enthousiasme et d'imagination.

Pour les sorties, un petit sac à dos idéal pour transporter le goûter.

affirmée, comme la Régie Renault ou la SNCF; soit dans celles de tradition paternaliste, où l'on ne se contente pas de payer les salaires mais où l'on s'occupe du personnel. Le phénomène est suffisamment vaste pour entraîner la plupart des grandes entreprises industrielles, y compris celles qui ne sont ni spécialement sociales, ni paternalistes. Enfin, les municipalités s'y mettent aussi, en particulier celles gérées par des mairies communistes; elles le font par l'intermédiaire de leurs comités d'œuvres sociales, parfois en relation avec les Caisses d'allocations familiales, qui sont établies progressivement à partir des années 1920 avant d'être généralisées en 1946.

Entre les différents subsides versés par les organisateurs, en nature ou en numéraire, et la modestie assumée des conditions de vie (restauration et dortoirs collectifs), les séjours en colonie ne reviennent pas très cher, et les familles les plus nécessiteuses reçoivent en général une aide spéciale. Quels enfants en bénéficient? Si le scoutisme reste lié aux classes supérieures, en revanche les « colos » accueillent essentiellement les enfants du salariat urbain. Ils ne sont pas forcément pauvres, mais leurs parents ne partent pas, ou ne peuvent s'en occuper tout l'été; et puis les copains y vont, alors pourquoi pas moi?

La vie de château

Oui, mais où va-t-on? Et bien, les plus chanceux vivront... la vie de château! C'est en effet souvent dans d'anciens châteaux que sont installées les premières colonies, soit qu'elles soient organisées par les réseaux catholiques des conférences de Saint-Vincent de Paul qui comptent des membres de l'aristocratie, soit que de grandes entreprises aient racheté ces vastes bâtisses pour l'occasion. À partir des années 1960, des centres spécialement dédiés seront édifiés, plus confortables mais moins poétiques que ces vastes bâtisses au nom tiré des livres d'histoire. Bien sûr, vivre dans un château ne veut pas dire exactement mener la vie de château. Bien souvent, ce sont de grands bâtiments mal entretenus, aux couloirs venteux, aux toits percés, aux murs si longs que les retapisser coûterait une fortune. Les canalisations antiques ne délivrent que de l'eau froide. Bref, les conditions de vie sont plutôt spartiates. Mais les immenses jardins – mal entretenus eux aussi – et le cadre souvent rural permettent de longues promenades : quand on vit habituellement dans un immeuble, vivre au château, c'est vivre à la campagne.

Partir en « colo »

Pour les enfants, c'est un univers qui rappelle un peu l'école : la même grisaille, les mêmes dimensions impressionnantes, les mêmes camarades, la même solitude parfois. Si le directeur – ou la directrice – est craint et respecté, les moniteurs sont en revanche plus souples que les instituteurs du reste de l'année. Les gamins ne savent pas toujours, du reste, que bien souvent ces gentils moniteurs sont précisément des instituteurs dans le civil ! D'autres sont étudiants ; tous sont en général pourvus d'une bonne instruction, qui place vaguement la colonie de vacances sous le signe de l'éducation. Il ne s'agit pas seulement de passer son temps à s'amuser, mais aussi de s'instruire.

La colo se distingue du foyer familial par un certain nombre de rituels : les repas collectifs, le réveil à heure fixe (et plutôt matinale !), le coucher à heure non moins fixe. Le linge marqué à son nom, dans l'espoir vain d'éviter de le perdre ou d'échanger ses chaussettes avec son voisin de lit. Tout un monde officiel, réglé, organisé ; les enfants participent aux tâches

Entre 1939 et 1945, le mouvement continue, sous des auspices bien différents des colos communistes et catholiques des années d'avant-guerre. Ici, les colonies de vacances du Secours national, occasion de célébrer la gloire du Maréchal Pétain.

Villeneuve-l'Étang, 1935. Pour des raisons pédagogiques, mais aussi économiques, les enfants participent activement aux tâches quotidiennes.

La lettre aux parents... un moment d'inspiration, de libération, ou parfois de panne sèche !

Les grands ont droit à la lampe de poche pour s'amuser après l'extinction des feux.

ménagères, débarrassent la table par exemple, font leur lit. Pour certains c'est une nouveauté, pour d'autres ils en font davantage à la maison ; les colonies de vacances sont l'occasion de croiser les expériences.

C'est aussi l'expérience de la toilette en commun : on se débarbouille en pyjama dans de vastes lavabos rectangulaires, bien loin de l'atmosphère intime de la toilette à la maison. Il y a aussi le jour de la douche, rarement quotidienne dans les années cinquante et soixante. Pour les plus pudiques, c'est une petite épreuve, vite oubliée quand l'eau se met à couler.

Et puis il y a les autres rituels, secrets : les batailles de polochon, les visites dans le dortoir des filles quand on a la chance d'atterrir dans une colo mixte, les chuchotements pendant la sieste, les menus chapardages à la cuisine, le pain dévoré en cachette, ou avec la complicité du cuisinier. La colo est à la fois l'espace de tous, et en même temps chacun vit la sienne, qui est unique. Des amitiés ferventes, et malheureusement éphémères, peuvent naître, des amours aussi, de ces premières amours au parfum de désespoir car au bout de quinze jours on se sépare pour la vie... On s'écrira, c'est sûr ; en attendant on rit, on pleure ; on vit.

Apprendre à vivre

Pas toujours faciles à vivre, notamment la première fois, les colonies de vacances sont pour les enfants un premier apprentissage de

la vie collective. C'est un moment de forma-tion, qui leur permet de gagner en maturité : leurs parents les retrouvent changés, gran-dis, parfois plus turbulents, mais avec dans la voix et le geste une assurance nouvelle. À l'école, avec les copains de tous les jours, ce sera pareil. Pour la première fois, ils ont une vie dont personne d'autre que les copains de colo ne savent rien – ce qui laisse ouverte la porte de l'imagination, surtout quand à la rentrée on racontera ses vacances !

Alors qu'auparavant, c'est plutôt la charité qui est mise en avant, un idéal éducatif se fait jour à partir des années 1930 ; cet idéal va de pair avec certaines images d'ordre et une organisation inspirée des modèles militaires. Mais au fond, ce qui reste des colos, n'est-ce pas au contraire les joies de la transgression, les bêtises qu'on a faites, les amours secrètes ?

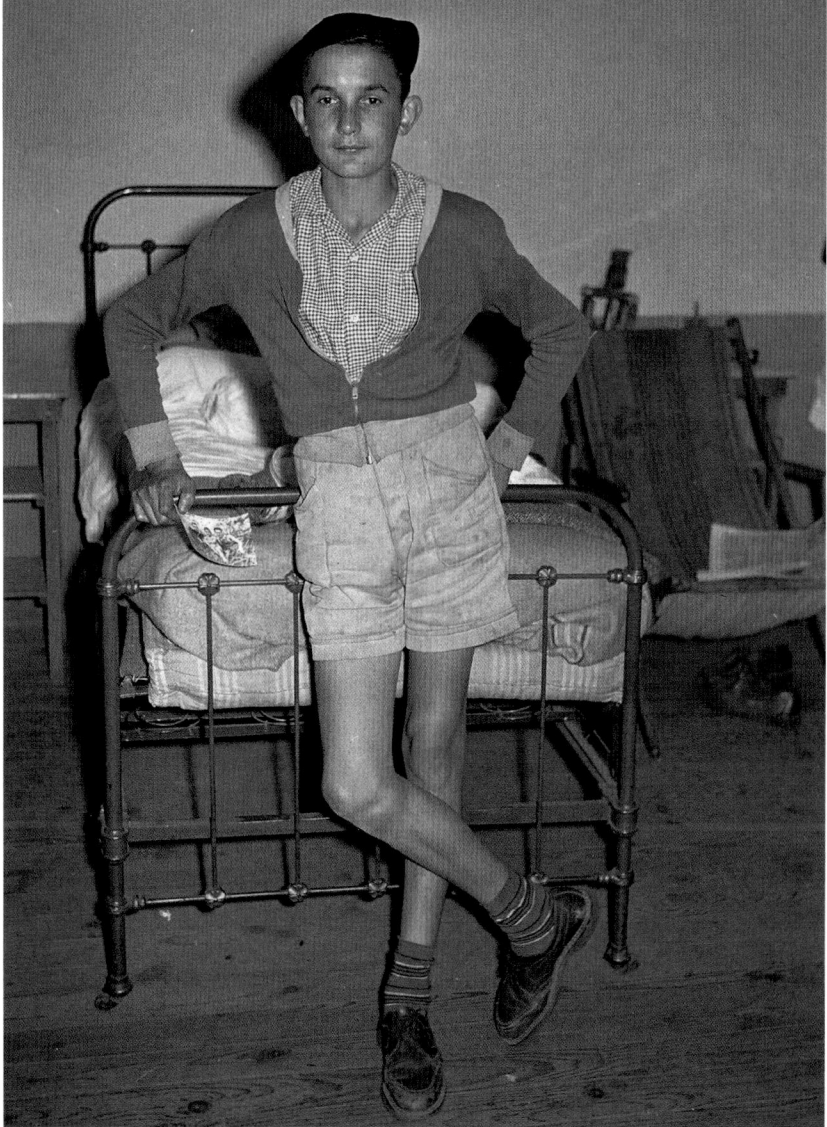

Faire son lit, s'habiller, se tenir propre… un petit colon vers 1950.

Les colos appartiennent ainsi pleinement à l'imaginaire moderne des vacances, ce rêve d'une vie plus intense et plus libre.

Les lettres que l'on écrit aux parents ou à la petite sœur ne disent pas tout ; appliquées, scolaires, elles vibrent pourtant de toute l'énergie secrète d'une vie différente : ce sont les courriers d'un explorateur en culotte courte, aux prises avec les périls et les joies d'une vie plus difficile et plus intense. Quel-ques menus chagrins s'y confessent, la nourriture n'est pas aussi bonne qu'à la mai-son, mais on s'emploie surtout à rassurer les parents, qui voient apparaître, amusés, des prénoms qu'ils ne connaissent pas.

Cet autre monde, on y revient parfois d'une année sur l'autre, pour découvrir étonné que

Sur la plage de Biarritz en 1934… à noter la présence de deux modèles de chapeau, selon l'âge.

Le chapeau de scout se caractérise par ses quatre bosses.

Les colonies sont aussi l'occasion de faire l'apprentissage du camping et de goûter les joies de la vie en plein air.

si le lieu reste le même, les moniteurs, les enfants et même le directeur ont changé ; et tout recommence, on a beau connaître quelques secrets, il faut renouer de nouvelles amitiés. Toutefois, le cuisinier, celui qui fait une si mauvaise soupe mais qui est si gentil, est toujours le même !

Scouts toujours

Le scoutisme est l'une des versions les plus populaires, les plus marquées culturellement et socialement aussi, des « colos ». L'idéal collectif et militaire y est plus prégnant, mais dans le même temps les patrouilles scoutes connaissent une forme d'autonomie et de mobilité qui tranche avec la sédentarité et l'encadrement plus strict des colonies de vacances.

Le terme est d'origine anglaise et désigne au départ les éclaireurs des armées en campagne. Tout commence en 1907, lorsqu'un général britannique nommé Robert Baden Powell décide d'emmener quelques adolescents camper en plein air, sur une petite île désolée. L'expérience les enthousiasme et dès 1908 le général publie un livre appelé à avoir une immense influence, *Scouting for Boys*.

Le scoutisme est à la fois une entreprise d'éducation morale (un scout fait au moins une « bonne action » chaque jour) et religieuse, s'appuyant vers une organisation d'inspiration militaire : 32 garçons maxi-

Scouts autour d'un feu de camp en 1933. Si l'herbe s'enflamme, je jette l'eau du seau !

Des éclaireurs vers 1920 : le pont semble lui aussi de fabrication scoute.

mum, répartis en patrouilles de 8 qui sont placées sous la responsabilité d'un jeune à peine plus âgé. Les louveteaux (8 à 11 ans) deviennent éclaireurs (12 à 17 ans) et peuvent ensuite continuer en devenant routiers (17 ans et plus). Des patrouilles féminines sont constituées dès 1916, dont les membres sont nommées « les guides ».

Le scoutisme pénètre en France dès 1910, sous l'impulsion de pasteurs protestants. Les catholiques hésitent d'abord, avant de reprendre la main pour fonder en 1920 la Fédération nationale catholique des scouts de France. Très vite, plusieurs fédérations rivales se déchirent, mais le mouvement prend un essor considérable. Après la Deuxième Guerre mondiale, le mouvement des Francas donne une version laïque et communisante du scoutisme.

Pratiqué les dimanches et les jeudis, mais aussi pendant les vacances scolaires, le scoutisme est un apprentissage de la vie dans la nature, qui parallèlement au début du camping sportif va ouvrir les nouvelles générations à un style de loisir inédit : vie au grand air, art de la débrouille, cuisine au feu de bois, ordures enterrées, vaisselle au sable, ces clas-siques du camping sauvage trouvent leurs origines dans le scoutisme des années 1920 et 1930.

Sécurité, liberté

Les petits vacanciers d'aujourd'hui partent en « camp » avec des moniteurs bien formés, et leurs parents sont très attentifs aux questions de sécurité. À la grande époque des colos et du scoutisme, cette préoccupation est beaucoup moins vive, et il n'est pas certain qu'on laisserait aussi facilement aujourd'hui des enfants ou des adolescents partir dans les mêmes conditions et surtout avec la même autonomie, que les patrouilles de scouts des années 1930. De la même façon, les sorties scolaires sont alors improvisées avec le souci de la sécurité des enfants, mais sans s'embarras-ser de trop nombreuses auto-risations administratives, parentales, ou autres assurances.

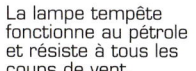

La lampe tempête fonctionne au pétrole et résiste à tous les coups de vent.

■ En 1935, le ski est encore réservé à une infime minorité. Mais une luge aussi permet de foncer, surtout quand c'est papa qui la tire !

Vacances de rêve

Séjours sportifs appréciés par les jeunes gens, les vacances à la montagne gagnent progressivement en popularité auprès d'une clientèle aisée. Les stations s'équipent de nouvelles pistes, de remontées mécaniques et d'une infrastructure pour la vie nocturne.

S'IL est des vacances qui restent longtemps élitistes, ce sont bien les sports d'hiver. D'abord réservées à quelques pionniers amateurs de sport, elles sont ensuite un signe extérieur de richesse avant de connaître une lente démocratisation à partir des années 1960.

Des dames en robe sombre, chaussées de bottines montantes, avec des chapeaux élégants, qui se promènent sur la Mer de Glace : non, décidément, la montagne ne fait plus peur en ce début de XXe siècle !

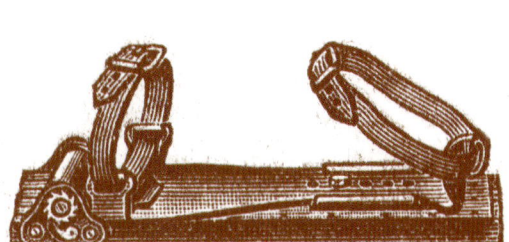

8-3225. Fixations métalliques à semelle flexible en acier émaillé, courroie de dessous de pied et de coup de pied. Se fixe par vis sur le côté du ski. Livrées avec vis et clé de boulons.
La paire non montée .... **138. »**

Traverser la Mer de Glace en 1900 est une aventure, mais comment s'habiller ? Les vêtements de sport sont alors de simples variations des costumes de ville.

Le moment Chamonix

Jadis redoutée, la montagne a longtemps été considérée comme horrible, jusqu'à ce que Rousseau et, à sa suite, les romantiques en reconnaissent les beautés. Mais on les apprécie longtemps de loin, tant la traversée des Alpes et des Pyrénées reste une entreprise fatigante et périlleuse : une voiture qui verse, une tempête soudaine, la longueur du trajet, tout cela n'incite guère à se frotter à ces étendues inaccessibles. Annecy, Chambéry, Genève ont leurs charmes, villes de lac

Vers 1910, les petits skieurs utilisent déjà deux bâtons, et non plus un seul comme au début du siècle.

La fourrure reste la meilleure protection contre le froid pour ce skieur des années 1930.

et de fonds de vallée dont le pittoresque attire et dont l'air vif est bon à sa santé. Mais ce n'est encore qu'un avant-goût de la montagne, celle qui, au vingtième siècle, offre un espace vierge aux vacanciers.

Chamonix, qui permet d'accéder à la Mer de Glace et au Mont-Blanc, est la première véritable station touristique française. Dès la fin du dix-huitième siècle, elle attire chaque année 1500 curieux. Un premier hôtel de luxe, l'Hôtel de l'Union, est édifié en 1816, suivi par beaucoup d'autres ; en 1821 est créée la Compagnie des Guides, en 1860 on construit une route carrossable permettant de rejoindre la ville depuis Genève à Chamonix via Sallanches. À la fin du siècle, un certain docteur Payot introduit à Chamonix le ski, venu de Norvège. Quelques audacieux s'essaient à la discipline, également adoptée par les militaires de la garnison de Briançon,

dans les Alpes du Sud. Mais cela reste une curiosité et on visite essentiellement la montagne en été.

C'est en 1901 que la station prend véritablement son essor, avec l'arrivée du chemin de fer. Les séjours hivernaux deviennent plus aisés, le ski fait des adeptes et dès l'avant-guerre, aux traditionnels visiteurs estivaux s'ajoutent les amateurs de ce que l'on commence à appeler les « sports d'hiver ». On construit pour eux des équipements touristiques : de petits chemins de fer d'intérêt local (1908) puis des téléphériques à partir des années 1920. En 1924, la station accueille les premiers Jeux olympiques d'hiver. Une fois lancé, ce mouvement ne s'arrêtera pas.

Une lente démocratisation

C'est à partir des années 1930 que la vogue des sports d'hiver commence à se répandre en France, avec des investissements dans les infrastructures et la création de stations. Le succès de Chamonix fait des envieux. Dès 1922, le baron de Rotschild envisage de lancer un hôtel au Mont d'Arbois, qui deviendra la station de Megève. Pendant la Guerre, on projette la création d'une station internationale aux Tovets : ce sera Courchevel. Dans les années 1960, on construit de nouvelles stations, à la conception intégrée :

Chamrousse, Tignes, La Plagne, Avoriaz, en tout une cinquantaine de stations à la fin des années 1960 (pour près de 400 aujourd'hui, la plupart édifiées dans les années 1970). Une majorité d'entre elles est très chic, mais certaines, comme Superdevoluy (1966) représentent une tentative de reprendre le modèle des grands ensemble qui fleurissent alors dans la périphérie des villes : c'est un immense bâtiment, dans lequel les skieurs logent, mangent, s'équipent, vont au cinéma, en boîte de nuit... sans avoir à mettre les pieds dehors. Superdévoluy est à l'image d'une nouvelle clientèle, issue de ce que l'on commence à appeler les classes moyennes. C'est une nouveauté, car jusqu'au début des années 1960, les sports d'hiver restent réservés à une petite élite, à la fois sportive et fortunée. Des jeunes gens riches, pour faire court.

Le Club alpin français, créé dès 1874 à Paris, fédère longtemps l'essentiel des skieurs, qui voient davantage leur hobby comme un sport

C'est une grande compagnie de chemins de fer qui célèbre les victoires françaises aux premiers Jeux olympiques d'hiver, en 1924.

En 1930, les techniques modernes sont au point : reste à améliorer le matériel...

que comme un loisir. Le cadre associatif permet des voyages en commun, la construction de refuges ou de résidences dédiées ; il permet aussi de peser sur les décisions. Enfin, il traduit également le cadre volontiers collectif donné aux loisirs, jusque dans les années 1960. La généralisation de la voiture et l'extension de l'offre commerciale de sports d'hiver dans les décennies suivantes fera éclater ce modèle, avec d'un côté une vision plus familiale et privée des sports d'hiver, de l'autre l'émergence d'autres clubs, à vocation plus ou moins sportive.

En 1964, le taux de départs en vacances d'hiver n'est encore que de 10,3 % (contre près de 40 % aujourd'hui, un chiffre qui doit beaucoup à la cinquième semaine de congés payés obtenue en 1982) ; parmi ceux qui partent, 7 sur 10 se rendent aux sports d'hiver. Ce chiffre apparemment modeste n'est en réalité pas très loin du pic historique observé dans les années 1980, avec un peu plus de 10 %. Mais démocratisées, les vacances au ski restent onéreuses – et sportives ! Pas pour tout le monde, en somme.

Matériels et techniques

Entre 1900 et 1968, le ski a connu une profonde évolution, qui le fait passer de la préhistoire à la modernité – et de l'artisanat à l'industrie, avec l'émergence des grandes marques françaises comme Rossignol ou Salomon. Les premières « planches », en effet, ne diffèrent pas radicalement des skis utilisés depuis des siècles en Norvège, et jusqu'en 1910 on n'utilise qu'un seul et long bâton pour s'aider à tourner. En l'absence de remonte-pente, on accroche à ses skis des « peaux de phoque » autocollantes pour éviter de glisser et de dévaler la pente en arrière. Le ski, c'est au départ une façon de se dépla-

cer, de randonner en montagne ; ce n'est qu'avec l'amélioration des techniques, dans les années 1920, que l'on commence à distinguer franchement la descente et le ski de fond. L'installation des premiers téléphériques est ici essentielle, mais la création de nouvelles fixations, qui tiennent l'ensemble du pied, est tout aussi décisive.

Aux lanières de cuir des premiers skis se substituent ainsi des « étriers », des « talonnières » et des « leviers » métalliques qui tiennent la chaussure. Les chaussures de ski de fond s'affinent et gagnent en souplesse, tandis que celles utilisées pour la descente se renforcent et passent du cuir bouilli à la coque de plastique, au début des années 1960.

Les bâtons se différencient eux aussi : si la paire s'impose dans les années 1910 au détriment du bâton unique, les amateurs de fond conservent l'habitude d'utiliser de longs bâtons, qui aident à avancer ; tandis que les descendeurs privilégient une taille plus petite, pour gagner en commodité. La matière évolue elle aussi : on passe du noisetier au bambou, puis dans les années 1950 à des alliages métalliques légers. Les poignées de cuir sont peu à peu concurrencées par les poignées de plastique.

Écoles et moniteurs

Les matériels évoluent, et avec eux les techniques. La création de la Fédération française de ski en 1924 et l'organisation dans la foulée des premiers Jeux olympiques d'hiver donnent un caractère plus institutionnel à ce qui n'était jusque-là qu'un sport marginal, pratiqué par quelques originaux. Le moment du Front populaire, avec l'action dynamique de Léo Lagrange, va permettre en 1937 la création de l'École française de ski, qui deviendra par la suite l'École de ski français (ESF). L'enjeu est bel et bien de créer

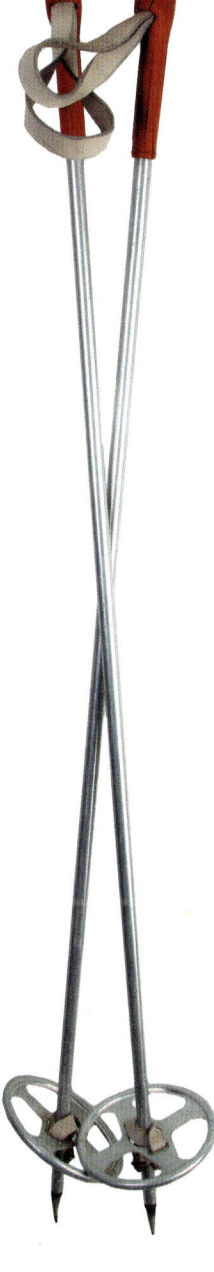

Pantalons courts et chaussettes de laine : en 1945, les jeunes gens s'élancent à l'assaut des pentes de Haute-Savoie. Mais avant, il faut savoir faire une conversion, les grands skis de l'époque obligeant à lever la jambe bien haut.

et promouvoir une technique française, une méthode particulière susceptible de faire émerger de futurs champions. Émile Allais, champion du monde en titre, est d'ailleurs parmi les fondateurs de l'École, aux côtés de responsables de la Fédération et du créateur d'une première école dans les Vosges, Georges Blanchon.

Des moniteurs seront formés, titulaires d'un diplôme d'État. L'École ne dispose pas d'un monopole, mais elle s'impose vite comme le principal réseau de formation. Ses objectifs évoluent au fil du temps, de la formation des sportifs dans les années 1930 à celle des touristes dans les années 1950. Les moniteurs et les centres se multiplient : on passe ainsi de 41 écoles et 200 moniteurs en 1945 à 58 écoles et 800 moniteurs en 1955, puis 105 écoles et 1 750 moniteurs en 1965 (ils sont aujourd'hui plus de 15 000 dans le seul réseau ESF).

En 1950, le ski n'est plus seulement une activité de sportifs insoucieux de leur allure : on peut être élégant sur les planches !

Le moniteur de ski devient ainsi dans les années 1950 et 1960 une figure familière, plus spécialisée et mieux respectée que son lointain cousin le moniteur de colo pour les enfants. Il faut dire que les moniteurs donnent aussi des leçons aux adultes. Ces beaux garçons perpétuellement bronzés font battre bien des cœurs.

Au pays du vin chaud

Ce zest d'érotisme est une nouveauté, car les premiers skieurs, qui sont surtout de jeunes hommes, ont à cœur de promouvoir une forme de fraternité sportive, un peu asexuée. Mais l'esprit club, caractéristique des années 1930, cède insensiblement la place à une conception différente, moins exigeante et plus ouverte. La féminisation et la démocratisation du ski y sont pour beaucoup : plus qu'une discipline virile, voire extrême, le ski devient un plaisir. Plus : un art de vivre. Autour des journées sur les pentes - on dit bientôt les « pistes » - se développent toutes sortes d'activités, les unes inspirées des traditions locales, les autres plus modernes. La raclette, un plat savoyard quasiment inconnu en 1945, devient ainsi un classique, qui dès la fin des années 1960 se déguste en famille loin des stations de ski. Après une journée à glisser, on se retrouve entre amis autour d'une fondue savoyarde ou d'une tartiflette, à boire du fendant suisse ou des vins de Savoie. Sur les pistes, on découvre les charmes du vin chaud parfumé à la cannelle.

Le soir enfin, les boîtes de nuit permettent de continuer à se dépenser dans une saturation de bruit et de fumée, qui offre un étrange contraste avec les grands espaces vierges et l'air pur des cimes. L'ensemble est très, très actif. Si l'on trouve le moyen de se reposer à la montagne, c'est assurément grâce au changement d'air et à l'effort physique, qui permettent de se débarrasser du stress de la vie urbaine. Mais à la différence des vacances d'été, plus longues et placées sous le signe du farniente, les vacances au ski sont brèves et intenses. Pour ceux qui ont la chance d'habiter non loin, comme les Lyonnais, les Grenoblois, les Bisontins ou les Toulousains, les week-ends au ski proposent une version encore plus concentrée de ces séjours qui autrement durent une petite

semaine. On « monte » au ski en car avec le CAF (Club alpin français), ou en voiture, avec des amis ou, de plus en plus, en famille.

L'art de vivre aux sports d'hiver

À l'instar des vacances d'été, les séjours à la montagne offrent très vite l'une des images de la vie moderne. Qu'importe si seule une toute petite minorité en profite, les magazines en couleur proposent des images de cette vie nouvelle, au style différent. Les corps sportifs rompent avec l'image de la femme des années 1950, prise entre l'élégance inactive et les activités ménagères. Le ski, c'est aussi une façon d'affirmer une égalité nou-

velle entre les sexes, qui prend d'abord l'aspect d'une franche camaraderie, un peu asexuée, pour imposer ensuite de nouvelles images de la féminité : la skieuse sera élégante mais dynamique, capable de prendre des risques, vêtue de combinaisons qui dégagent les jambes. La France éprise de modernité des années 1960 trouve dans la vogue du ski un miroir d'elle-même : pleine de couleurs, de dynamisme, de technique, mais imposant aussi une nouvelle distribution

Les lunettes de ski se perfectionnent : différents filtres se fixent à la monture en fonction de la luminosité.

71

En 1965, pour damer les pistes, on utilise des rouleaux à neige motorisés, qui seront remplacés quelques années plus tard par des engins beaucoup plus puissants.

Fuseau et veste courte ceintrée sont à la mode dans les années 1940.

des rôles et des figures entre les hommes et les femmes.

Alliant sport, plaisir, émotion, les sports d'hiver suggèrent ainsi une nouvelle manière de vivre, représentée par de jeunes adultes souriants aux allures déliées, au visage bronzé. La glisse, c'est la vitesse, cette nouveauté dont on prend le goût sur les routes et dans les avions ; c'est aussi une existence plus facile, à l'image d'une France découvrant les joies de la grande consommation et d'un certain hédonisme, par rapport aux conditions de vie plus difficiles des générations précédentes, aux valeurs axées sur le travail et le sacrifice. Et si la vie était facile, semblent demander les skieurs qui filent sur les pages des magazines ?

Élégances d'hiver

Cette vie facile est aussi une vie de dépense, quelquefois de luxe. Certes, on revêt des pulls, de grosses chaussures et des chaussettes de laine qui signalent à la fois une forme de tradition montagnarde et un côté sport, insoucieux de l'allure. Mais très vite un style se fait jour, qui autorise des variations. Les matières synthétiques apparues dans les années 1950, avec la généralisation du nylon et de ses dérivés, permettent de jouer sur les couleurs avec plus de liberté qu'on ne le ferait en ville. Les anoraks, pantalons et combinaisons de ski relèvent ainsi de la même esthétique que les objets de plastique, si propres, si nets, aux couleurs franches et éclatantes.

La coiffure s'adapte, se fait plus naturelle : si les élégantes prises en photos pour les magazines ont des coiffures élaborées, la queue-de-cheval et le carré court permettent dans les années 1960 d'affronter le vent de la glisse. Bonnets ou serre-tête complètent l'uniforme. Enfin, l'accessoire par excellence, indispensable en montagne, se révèle être les lunettes de soleil. Classiques ou résolument sportives, dessinant le visage ou l'isolant, les lunettes révèlent et affirment un style, une personnalité, et dans le même temps gomment les traits de chacun au profit d'une beauté standardisée. Elles permettent à chacun de rejoindre l'univers des stars, de se projeter dans les images de cette vie moderne que l'on trouve dans les magazines ; sur les pistes et dans les stations, on se sent pleinement faire partie de cette société.

La neige sans la montagne

Ainsi les sports d'hiver donnent-ils aux années 1950 et 1960 quelques-unes de leurs images caractéristiques ; si tous les Français n'en font pas l'expérience, ils font néanmoins partie de leur univers, grâce aux magazines, au cinéma et à la télévision.

Mais il y a aussi, plus modestement, les jeux de ceux qui ne partent pas à la montagne et n'en attendent pas moins la neige avec impatience. Les gamins des villes et des campagnes dévalent les rues et les champs enneigés sur des luges de bois, aux patins doublés de fer : solides, pratiques, on peut s'y coucher, s'y asseoir seul ou à deux, trois, voire quatre et foncer quelques dizaines de mètres, dans un sentiment grisant de vitesse et de risque. Sans luge, on peut aussi faire de longues glissades sur une piste de plus en plus lisse à mesure que passe la journée. On a chaud aux joues et froid aux mains, le souffle court fait surgir une buée blanche, on court encore et encore.

Les chaussures trempées, les pieds glacés, les joues rouges, la goutte au nez, jusque dans les années 1960 des gamins en culotte courte et paletot de gros drap ou de laine, avec un pull chaud le plus souvent tricoté à la main, s'en donnent à cœur joie dans les rues encore peu fréquentées et les jardins publics. Patinoires ou étangs gelés invitent au patin à glace, qui ne prendra jamais véritablement en France comme dans d'autres pays. De ces jeux, des images en noir et blanc ont gardé la mémoire, loin des images sportives, élégantes et colorées des magazines. C'est une autre version de l'hiver, non moins belle et sans doute plus proche des souvenirs de chacun.

Clubs de vacances

C'est au cours des années 1950, entre mer et montagne, qu'émerge une forme vouée à un grand avenir : les clubs de vacances. Les tout premiers datent en fait des années 1930 : sous une forme associative, ils proposent à leurs membres une formule « tout compris », qui permet de gérer son budget au plus juste. L'esprit est jeune, sportif, avec une légère dimension collectiviste. C'est le barman du « Club olympique », en Corse, qui lance en 1950 le Club Méditerranée, une association que son succès fulgurant transformera vite en entreprise commerciale. Le premier village est installé aux Baléares, le second en Italie ; les « gentils membres » sont accueillis à

Suivez nos traces

Non, ce n'est pas un village préhistorique, mais les huttes du Club Méditerranée à Corfou, en 1960.

une pointe d'autodérision qui ouvre la porte à des évolutions futures. On parle ainsi des « Gentils organisateurs » et des « Gentils membres ». Ces derniers versent une cotisation, mais au sein du club l'argent est remplacé par des boules colorées. Il n'est pas absent cependant, et au fil du temps la dimension associative s'estompera au profit de préoccupations plus commerciales.

Le « Club Med » concentre ainsi toute l'évolution d'une époque : de la forme associative au commerce, de l'esprit sportif à l'esprit ludique, avant qu'il ne devienne dans les années 1970 un des hauts lieux de la libération des mœurs.

D'autres grandes associations de vacances, comme Nouvelles Frontières et surtout l'Union sportive des centres de plein air (UCPA), évolueront moins nettement vers une formule commerciale. Toutes contribuent à la démocratisation des sports d'hiver et des séjours à l'étranger, des formes de vacances auparavant réservées à une élite.

Ce mouvement atteste en effet l'ouverture des frontières touristiques : les années 1950 et 1960 voient des Français de plus en plus

Corfou dès 1952, avant Djerba, Tahiti, les Antilles...

L'esprit du « Club Med » est à l'origine très proche de celui des associations sportives des années 1930 et 1940, mais il s'en détache par

Destination très prisée des vacanciers, l'Espagne connaît, dès les années 1950, une urbanisation de ses côtes.

Dès les années 1950, grâce à l'avion, les destinations lointaines deviennent accessibles aux vacanciers en un temps record.

nombreux gagner les plages d'Espagne ou d'Italie, où la vie est alors bien meilleur marché. De véritables villes sont édifiées sur les côtes espagnoles, dans un mouvement d'urbanisation qui ira plus loin encore que celui des côtes françaises.

Partir en avion

L'avion, jusqu'alors réservé aux voyages d'affaires, s'impose alors comme un moyen de déplacement particulièrement pratique. Il se démocratise : tout le monde ne part pas, loin s'en faut, au Kenya ou au Brésil, mais à la fin des années 1960 les classes moyennes s'embarquent pour Djerba ou Corfou, tandis que des avions emplis de retraités atterrissent aux Baléares. C'est le plus souvent dans le cadre de « voyages organisés » que l'on se rend dans les aéroports, ces lieux impressionnants où l'on ne serait pas très à l'aise tout seul.

L'aventure des vacances, on s'en rend compte à la fin des années 1960, ne fait que commencer et elle est vouée tôt ou tard à changer de dimension. Sur les traces des explorateurs du XIXᵉ siècle, les vacanciers s'embarquent pour le bout du monde. Ils n'y rencontreront pas des cannibales, et les hôtels sont si confortables qu'on se croirait en Europe. Mais il demeure dans ces vacances un parfum d'aventure, quand un passeport oublié, des bagages perdus ou un pépin de santé rappellent au voyageur que les vacances, c'est parfois bien fatiguant. Vivement, se disent certains *in petto*, vivement lundi qu'on retrouve les collègues de bureau !

Conception éditoriale et mise en page : Ccbr
Texte : Richard Robert

Crédits photographiques

Akg images :
Couverture (Denise Bellon) — pp. 16b, 50b.

Roger Viollet :
pp. 8, 12, 14a, 15ab, 16a, 17a, 18ab, 19b, 20a, 21b, 22, 23b,
24a, 25bc, 26ab, 27a, 28ab, 30, 32a, 33b, 35c, 36b, 37a,
39b, 43a, 47a, 48, 49b, 57b, 58a, 59a, 61bc, 62bc, 64,
65b, 66a, 67ab, 68ab, 69b, 74ab, 75a.

Eyedea :
pp. 31b, 34a, 40a, 41ab, 42c, 46d, 51a, 52a, 53b, 54c,
55a, 59b, 60a, 70, 71a, 72a.

Ccbr :
pages de garde, pp. 5, 6, 9abcd, 10bcd, 11abcd, 21abc, 14b,
17b, 19a, 20b, 21a, 23ac, 24b, 25a, 26c, 27b, 28c, 29ab, 31ac,
32b, 33ac, 34b, 35ab, 36a, 37b, 38, 39ac, 40b, 41c, 42b, 43b,
44abc, 45ab, 46abc, 47bc, 49a, 50a, 51b, 52b, 53ac,
54ab, 55bc, 56, 57c, 58b, 60b, 61a, 62a, 63ab, 65ac,
66b, 69a, 71b, 72bc, 73ab, 75b, 76, 77.

Antoine et Dominique Pascal – Archives & collections :
pp. 7, 10a, 42a, 49c, 57a.

Collectionneurs :
Monique Mangeant, Étienne Galopin.

En vacances – collection : Souvenirs d'en France

Dépôt légal : septembre 2008
N° ISBN : 978-2-917728-43-7

Achevé d'imprimer : novembre 2008
Imprimé par : Pollina L21759 – France

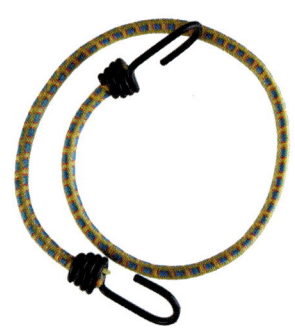